-ティブもその気になる
品の英会話

デイビッド・セイン

はじめに

　突然ですが、会話で一番難しいのは、何でしょう？
　それはズバリ、「（人に）注意すること」そして「相手をやる気にさせること」です。ミスの多い人に、逆ギレされないように注意する。納期を守らない人に約束を守らせる。考えただけでも大変です。みなさんも英語を実際に使っていて一番困るのは、こういうシチュエーションではありませんか？
　上司は、仕事を進める上で注意せざるを得ないから、部下を注意しているのです。
　みなさんも仕事の相手に「早くして下さい」「締め切りを守って下さい」と言わざるを得ないシチュエーションに立たされることが多々あるでしょう。誰だって、嫌われるのがわかっていて損な役回りを演じたくはありません。

　しかし、実は言い方によっては「怒っているように聞こえない怒り方」もできるのです。「やる気をなくさない注意の仕方」もできるし、「モチベーションが上がる提案の仕方」も可能です。逆ギレされない言い方もできます。

　そんな魔法のような言い方ができるなら、あなたもぜひ使ってみたいですよね？
　それを可能にするのが、本書で紹介する「5つのキラー・ワード」です。

oh
appreciate
could / should
mind
have (to)

　３語以内で言えるこのたった５種類の言葉をうまく使うことで、職場で必要なさまざまな言い回しが可能となります。

　顧客にへりくだってお願いしたり、部下がやる気になるアドバイスをしたり、上司への気使いがわかる注意をしたり……一般的な英会話のフレーズではなかなか表現できないニュアンスが、５つのキラー・ワードを使えば言い表せるのです。

Part1 ネイティブもその気になる「５つのキラー・ワード」

　まずは５つのキラー・ワードの使い方を説明します。
　そしてPart2以降で、ビジネスに必要な表現を章ごとに分け、状況別のキラー・ワードの使い方を紹介します。
　構成は以下の通りです。

Part2 「相手のことを知る」最適な言い方

　相手の考えを知るのは、会話の第１歩。
　上司や部下に「それ本当？」「ちょっといい？」「それはなぜ？」と、常日頃よく使うフレーズを言うには、どう言えばいいでしょうか。

Part3 「自分の意思を表す」頭のいい表現

「喜んで」「もちろん」「私が先です」という表現を、ビジネス風に1ランク上げて言うことはできますか？　失礼にならず、しかも言うべきことはきちんと言う表現の仕方を身につけましょう。

Part4 「相手をやる気にさせる」最強の英語

　仕事で大切なのが相手をやる気にさせること。「よくやった」「あなたならできる」「残念だったね」を、エラそうにならず、相手のモチベーションが上がるように言うには、どうすればいいでしょう？

Part5 「うまく断る」技ありの一言

　人からの好意や招待を断るのは、気が引けるものです。相手の気を悪くせずに「ダメです」「結構です」「すみません」と伝えるには？

Part6 「お願いする」ときのとっておきの言い方

　顧客や上司に何かをお願いするには、テクニックが必要です。
「あなたの頼みならしょうがない」と、相手が快く引き受けてくれるお願いの仕方をしましょう。ビジネスパーソンならぜひ覚えたい言い方です。

Part7 「注意・命令する」逆ギレされないセリフ

　ただの命令形では、たとえ部下でも気を悪くします。ビ

ジネスには、ビジネスなりの言い回しがあるのです。人のやる気を失わない注意・命令の仕方は、どのようなものでしょうか。ビジネスシーンで丸ごと使えるフレーズを集めました。

　本書では「キラー・ワード」をコアにして作られる、便利な３語以内の表現を中心に紹介しています。「いつもの英語」にこれらの表現をプラスすることで、ネイティブらしい英語に生まれ変わります。
　たとえば、キラー・ワードの **mind** をコアにした
I wouldn't mindを使えば、

✦ **I wouldn't mind at all.**

という自然な表現が生まれます（57ページ参照）。
　ただし、微妙なニュアンスを伝えられる「使える英語」を紹介するため、３語より長いものもあります。ご了承ください。

５つのキラー・ワードの使い方をマスターすれば、あなたの英語力は格段に上がるはずです。ビジネスはもちろん、プライベートにも応用できる表現ですので、ぜひ活用してください。「この状況なら自分はどう言うかな？」と問いかけながら読み進めることで、自然とネイティブの英語感覚が身につくでしょう。

デイビッド・セイン

ネイティブもその気になる 3語の英会話　CONTENTS

003 はじめに
010 本書の使い方

Part 1 : ネイティブもその気になる「5つのキラー・ワード」

014 oh
019 appreciate
023 could/should
027 mind
032 have(to)
037 Column 1　相手をいい気分にさせるキラー・フレーズ

Part 2 : 「相手のことを知る」最適な言い方

040 「どうして？」と理由をきく
044 「それは本当？」と確認する
047 話があって「少し時間もらえる？」と聞く
050 「もう少し考えてもらえない？」と説得する
054 Column 2　Um... も使ってみよう

Part 3 : 「自分の意思を表す」頭のいい表現

056 「もちろん！」と OK の返事をする
059 Column 3　OK 以外の返事も言おう

- **060** 「喜んで！」と快く引き受ける
- **063** 順番で「私を先に行かせてほしい」と頼む
- **066** 感情を抑え「フェアじゃない」と伝える
- **070** 「(値段が)高すぎる」と交渉する
- **073** 誘われて「興味がない」と断るには
- **076** Column 4　possibly で表せる「何とか」「できれば」

Part 4　「相手をやる気にさせる」最強の英語

- **078** 「よくやった」と部下をほめる
- **081** 「やってみたら？」とやる気にさせる
- **085** 「君ならできる」と勇気づける
- **089** 「もっと一生懸命やって」とさり気なく言う
- **092** 「残念だったね」と慰める
- **096** 「もうちょっとかな」と励ます
- **099** 「もっとうまくできるはず」と挑戦を促す
- **102** Column 5　人を慰めるためのキラー・フレーズ

Part 5　「うまく断る」技ありの一言

- **104** 申し出を「結構です」と断る
- **107** 「ダメです」と No の返事をする
- **112** ネイティブ風に「謝る」
- **116** 贈り物を「辞退する」
- **119** 「時間がない」ことをさり気なく伝える
- **122** 相手に「同意できない」と伝える

CONTENTS

126 うまく「招待を断る」

Part 6 「お願いする」ときのとっておきの言い方

130 間違いないか「確かめて」と言う
133 「もう一度やらせて」とお願いする
137 Column 6 　上手にほめられるには
138 「プレッシャーをかけないで」と頼む
141 「まぁまぁ落ち着いて」と言い聞かせる
145 謝罪を受け入れて「許す」
148 「これを使えば？」と人に提案する
152 Column 7 　I hope you're right. の本当の意味

Part 7 「注意・命令する」逆ギレされないセリフ

154 「急いで」とせかす
158 「気をつけて」と注意する
162 Column 8 　理由のキラー・フレーズ
163 「やめたほうがいいよ」と忠告する
167 「静かにして」と注意する
170 「二度と同じ間違いはするな」と釘を刺す
173 「もう待てない」と通告する
178 「やらなくてはいけない」と理解させる
181 「間違っている」とうまく伝える
185 「自慢はやめて」とさり気なく言う

本文デザイン　大下賢一郎

■本書の使い方

（Part2 以降）

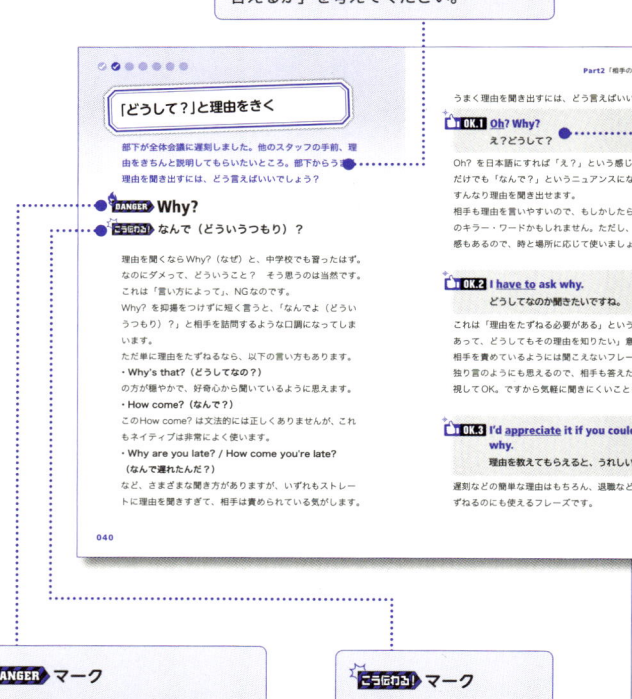

各章の冒頭で
冒頭で2～3行の「状況説明」をします。いずれも企業ではよくあるシチュエーションですので、そこで「あなたならどう答えるか」を考えてください。

DANGER マーク

DANGERマークは、「その状況では不適切な答え方」です。いずれも英語として正しいものの、その状況においてはNGとなります。なぜNGなのかは、その後の解説文を読んでください。

こう伝わる！マーク

DANGERマークの文の訳例です。「極端にいえば、ネイティブにはこう聞こえることもある」という訳になります。

OK.1

OKマークは、5つのキラー・ワードを使った答え方の例です。
5つのキラー・ワードを使えば、「部下のやる気を出す言い方」「部下に穏やかに注意する言い方」「上司に謙虚に忠告する言い方」など、状況に応じたさまざまなニュアンスが言い表せます。
同じキラー・ワードでも状況により意味合いは変わるので、ニュアンスとともにフレーズを覚えるようにしましょう。

おまけのフレーズ

おまけのフレーズは、5つのキラー・ワード以外の言い方です。
あわせて覚えると、より多くの表現が可能となります。

Part2「相手のことを知る」最適な言い方

つを教えてもらえないでしょうか」と同じよ
スのフレーズで、改めてきちんと理由を説明
いような場合に最適です。

おまけのフレーズ

OK I wish you'd tell me why.
（言いたくないのは分かっているけど）教えてもらえない？

こんなふうに言われたら、うっかり秘密ももらしてしまそう！ とても丁寧でソフトに聞こえるフレーズです。泣いている人に、涙の理由を聞き出すのにも使えます。
これらは、「親切な上司」というイメージ作りにも最適でしょう。似た言い方で、
・I wish you'd tell me why, but you don't have to.
（教えてもらえるとうれしいけど、言いたくなければ言わなくてもいいよ）
もよく耳にします。「殺し文句」にいいですね。

ybe you could tell me why.
かは教えてくれるよね。

妙な状況でよく使われる言葉。この例文でい教えてくれるかどうかは微妙なものの、あえよね、教えてくれるよね？」と念を押すようがあります。

かなか心を開いてくれない時、このフレーズを使いでしょう。親身に思っていることが伝わります。

おまけのフレーズ

OK It's hard (for me) to ask this, but I need to know why.
聞きづらいことだけど、理由を教えてもらわないと困るな。

部下からきちんと釈明を受けるならば、このような言い方がいいでしょう。It's hard...と言えば、相手にもプレッシャーがかかり、「言わざるを得ない状況」になります。

If you don't mind, tell me why.
よかったら、理由を教えてくれない？

理由を聞き出す言い方です。Tell me why.だけだと責める感じがしますが、If you don't mindを前後ければ、答える/答えないは相手の自由。ビジネスライベートにも使えるフレーズです。

Part 1
ネイティブもその気になる「5つのキラー・ワード」

✦ 仕事で英語を日常的に使う人が増えている今、よりスムーズに、ストレスなく相手に動いてもらえる表現があったら、いいですよね？
実はそれが、あるんです。

oh
appreciate
could / should
mind
have (to)

このたった5種類の言葉で、人間関係をスムーズにする英語が話せるのです。
ちょっと大げさかもしれませんが、「キラー・ワード」ともいえる5つの言葉を使った言い回しを身につけ、うまく人を動かす英語を話すようにしましょう。
周囲の反応が変わるはずです。
まずは、各フレーズの使い方から。

> # oh
> あぁ、おや、まぁ、おー

キラー・ワードのトップバッターは、間投詞のoh。
「えっ、ohがキラー・ワード？」と疑問に思う人もいるはず。ohこそ、最短にして万能のキラー・ワードかもしれません。
ohは、「おや」「まぁ」などの瞬間的な驚きや感動を表しますが、実はあらゆる状況で「感情表現の助け」ともなる言葉。さまざまに使われるohの代表的なニュアンスを、状況別に見ていきましょう。

👍 言いよどんだ時の「ええっと」

Oh, could you do it ASAP?

ええっと、できるだけ急いでもらえる？

＊Could you do it ASAP? だけだと、キツい命令口調に聞こえます。でもohのたったひとことで、「ええっと」と遠慮した雰囲気が出せ、柔らかい表現になります。
ちなみにASAPはas soon as possible（できるだけ早く）を省略したもの。ASAPの略語でよく使われます。

人の言葉をさえぎって「ねぇ（ちょっと待って）」

Oh, just a moment.
ねぇ、ちょっと待って

＊「ねぇ（ちょっと待って）」と、話の流れをさえぎるohです。人の話に疑問を持った時や納得がいかない時、ohとさえぎって自分の意見を言います。ohがないと「ちょっと待って」と、ぶっきらぼうに聞こえるかもしれません。

相手の言葉に賛成して「あぁ、もちろん」

Oh, yes.
あぁ、もちろんいいよ

＊Yes.にohをつけるだけで、ぐっとフレンドリーに。Yes.ならただの「いいよ」ですが、Oh, yes.なら「もちろん、いいよ」。親切な印象を与えるのでおススメです。

困った時に「ええーっ」

Oh, no.
ええーっ、困った

＊短いフレーズは、言い方でもニュアンスが変わります。No.だけだと「ダメ」ですが、Oh, no...と１語ずつゆっくり言えば「ええーっ、困った／あ〜それはダメ」に。

👍 ついうっかりして「あ、ごめん」

Oh, I'm sorry.
あ、ごめん

＊肩がぶつかって思わず「あ、ごめん」と言う時のohです。瞬時に言うため、社交辞令ではない、誠意のある言葉に聞こえます。余韻を残して言えば、さらに効果的。I'm sorry.だけだと、ただの社交辞令の謝罪に聞こえます。

👍 待ちきれなくなって「あ〜っ」

Oh, ...I can't wait.
あ〜っもう待てない

＊I can't wait.だけだと「待てない」と断言している口調に。oh...を残念そうに言えば、待ちきれずに「あ〜っ」と言うのと同じニュアンスに。叫ぶに叫べない焦れったい雰囲気が出せるでしょう。

👍 ふと気がついて「あ」「そうそう」

Oh, please be quiet.
あ、お静かに

＊何か注意をする時にohと短く付けて言うと、「あ、言うのを忘れた」と、今気づいて注意しているように。付け足して言っているようになるので、嫌味になりません。ちょっとした演技が必要ですが、効果は抜群！

残念な時に「おや」「あれ」

Oh, I don't have time now.
あれ（残念）、もう時間がない

＊「もう時間がない」「もう行かなくては」と、ふと気づいて言う時のohです。残念なニュアンスが出るので、相手も「仕方ない」と思ってくれるでしょう。

すぐに返事ができなくて「う〜ん」

Oh, ...it's not quite good enough.
う〜ん…まぁまぁかな

＊即答できず、「うーん」と考えたい時は、oh...と歯切れの悪い返事をしましょう。そうすれば、あなたがすぐにOKを出せないのだということが、相手にも伝わります。

話題を変えようとして「まぁ」「あぁ」

Oh, you know, I got a new job.
あぁ、新しい仕事を見つけたんだ

＊Oh, you knowは、話題を変える時のフレーズ。「あぁ」「そういえば」程度のニュアンスで、どちらかと言えば、良い話の時に使うことが多いでしょう。
ちなみに、調子をたずねられて Oh, ...you know. と言えば、「まぁね」程度の「返事にならない返事」になります。

納得できないことに「えーっ」「うそーっ」

Oh, this is too much.
えーっ、こりゃあんまりだ

＊何か気に入らないことがあると「えーっ」と不満そうに言いますよね？ そのohがこれ。大げさに言えば、それだけ「不満だ」とアピールできます。

信頼している相手に「あぁ（大丈夫）」

Oh, you can do it.
あぁ、君なら大丈夫

＊信頼している相手に対して「あぁ（あなたなら大丈夫）」というニュアンスで言うohです。
安心した時に思わず口から漏れる「あぁ」と同じように使い、Oh, I'm sure... など、後にはポジティブな文章が続きます。

他にも感激した時の「まぁ」や、タイミングのよさに驚いた「そうそう」など、数えきれないほどのニュアンスがあります。
感情表現にあわせて言うohは、いわば究極のキラー・ワード。ぜひ活用しましょう。

appreciate
評価する、わかる、ありがたく思う

appreciateを使って、「ありがとう」と言ったことはありますか？ これができれば、ネイティブに近いセンスを持っていると言えるでしょう。

日本人は「ありがとう」と言えば、すぐにthank youを連想するでしょうが、ネイティブはビジネスやちょっとした場ではよくappreciateを使って表現します。

日常会話で軽く言うならthank youで問題ありませんが、「…していただいてありがたい」と、少し重々しく表現するなら、appreciateが最適！

上司が部下を評価する、取引先に感謝を表す、お世話になっているお礼をするなど、appreciateはまさに人と人とをつなぐ「潤滑油」的なキラー・ワード。

ここでは、いかにもネイティブらしい表現となるappreciateの使い方をマスターしましょう。

👍 人に感謝を伝える「ありがたい」「感謝する」

I appreciate it.
それはありがたい

＊Thank you.のかわりにI appreciate it.と言うと、さらに深く感謝しているニュアンスになります。

日本語でも、「ありがとう」より「ありがたい」のほうが、

心がこもっているように聞こえますよね？ それと同じです。仕事で何か大事なことをしてもらったら、appreciateで感謝の気持を表しましょう。

- **I appreciate the concern.**
  お気使いありがとうございます
- **I appreciate the offer.**
  お申し出に感謝します
- **I appreciate your business.**
  ご愛顧ありがとうございます
- **I appreciate your coming over.**
  ご足労いただきありがとうございます

これらの定番フレーズは、ぜひ覚えたいものです。

相手を深く理解する「よくわかる」「承知する」

I appreciate the difficulty of your situation.
あなたの難しい立場はよくわかります

＊相手の立場への理解を示すのに、I appreciate...と言えば1ランク上のほめ言葉になります。

appreciateという単語には「価値を正当に評価する」「高く評価する」「真価を認める」といった意味があるため、I appreciate...と言われたら、お世辞ではなく本当にほめているのだと、誰でもうれしくなるでしょう。

スタッフをほめる際も、I appreciate...と言えばモチベーション・アップにつながります。

👍 依頼の言葉「…してもらえると助かる」

I'd appreciate it if you could give me a hand.
手伝ってもらえると助かります

＊I'd appreciate it if... で「…してもらえると助かる」「…してもらえますか」と、相手に何かをお願いする表現になります。お願いして、もしそれを相手がやってくれたら（if you could）、ありがたく思う（I'd appreciate）というフレーズです。改まってお願いする時に使う言い回しなので、こう言われたら、相手も「ぜひ協力しよう」という気持ちになるでしょう。

- **I'd appreciate it if you didn't smoke.**
 タバコを吸わないでもらえると助かるな
- **I'd appreciate it if you would stop talking.**
 話すのをやめてもらえますか
- **I'd appreciate it if you could hurry.**
 急いでもらえると助かるよ

など、人に何かをお願いする定番表現となります。

👍 お詫びの言葉「…してくれてありがとう、でも」

I appreciate the invitation, but I can't go to your concert.
招待してくれてありがとう。でもコンサートには行けないんです

＊appreciate..., but... で「…してくれてありがとう、でも

…」というお詫びの言葉になります。まずはお礼を言い（I appreciate...）、その後で「でも…」（but...）とその好意に報えないことを伝える決まり文句です。

仕事の関係でゴルフやパーティに招待されること、よくありますよね？ それをどうしても断らざるを得ない時、ぜひこのフレーズを使ってください。

相手をほめて本音を言う「…はわかるけど」

I appreciate your feelings, but I have to tell you something.
お心使いには感謝しますが、お話ししなくてはいけないことがあります

＊仕事でよく「お心使いに感謝します」と言いますよね？ それにあたる言葉が、I appreciate your feelingsです。しかし、相手の親切に感謝しながらも何か悪いことを告げなくてはいけない「鶴の恩返し」のような場合、I appreciate your feelings, but...と、butを付けて言いましょう。「…はありがたいのですが、…なんです」と、相手の好意を断るフレーズになります。言いづらいことを告白する時は、このフレーズで切り抜けるといいでしょう。

appreciateは、とても耳障りのいい言葉。お互い気持よく仕事を進めるためにも、appreciateの表現をマスターして、日常的に使いましょう。

could / should
…したほうがいい、…できたらいい

仕事で人を動かすのは、難しいこと。仕事自体をこなすより、人間関係をスムーズにするほうが大変だとさえ言われます。

ストレートな物言いは、率直さが評価される反面、時に人を怒らせることさえあります。そのためビジネスでは、ネイティブもできるだけストレートな表現を避けます。

命令形を使わずに、婉曲的な言い回しで人を動かせれば、たいしたもの。そんな言い方ができるのが、couldやshouldを使ったキラー・ワードです！

提案のような形で自分の考えを伝えたり、へりくだって相手に何かをしてもらうなど、人を動かす立場であれば、ぜひ使いたい表現ばかり。

ネイティブにへりくだった表現を使うと、バカにされると思い込んでいる日本人がいるようですが、それは誤解です。日本人同様、ネイティブも時と場合に応じて、謙虚な言い回しを使うものです。

グローバル時代のビジネスパーソンとして、ネイティブの部下をも動かす英語を、ぜひマスターしてください。

お断りする時に「…できればいいのですが(でも無理です)」

I wish I could say yes.
イエスと言いたいのはやまやまですが

＊人に何かを断るのは辛いもの、そんな時は、ぜひこのフレーズを使ってください！
I wish I could...で「…できればいいのですが（でも無理です）」と、申し訳ない気持ちを伝えられます。仮定法を使い遠回しに言うことで、相手もあなたの気持ちを理解してくれるはず。次のような言い回しも、覚えておくといいでしょう。

✦ **I wish we could wait, but we really can't.**
待てたらいいけど、どうしても無理なんだ

遠回しに NO と言うなら「…すべきなんだけど(ダメです)」

I should say yes, but...
「はい」と言うべきでしょうが（ダメです）

＊I should..., but...は、独り言でブツブツ言うようなフレーズ。「本来、自分がやるべきなのはわかっているが、無理なのでやめようとしている場合」に使います。
要は「ダメ」を遠回しに伝える言い方。上司に何かを断るには、おススメです。金メダルを獲得した北島康介選手の言葉「なんも言えねえ」を英語にすれば、まさに次のようなフレーズかもしれません。

Part1 ネイティブもその気になる「5つのキラー・ワード」

✦ **I should say something, but I can't.**
何かを言うべきだが、何も言えない

仮定法が苦手な人は多いようですが、仮定法だからこそ、こんな言い回しができるのです。ぜひ使ってみましょう。

👍 謙虚な提案に「…はどうでしょう」「…はいかがですか」

Perhaps I could get your advice.
アドバイスをいただけますか

＊Perhapsは「おそらく」の意味しか知らない人も多いでしょうが、Perhaps I could...で「…できれば」という謙虚な提案になります。本来は仮定法で、「もし…できたらいいのだが」という意味合いです。
低姿勢に相手の意見を伺うので、目上の人に何かお願いするのにおススメ。

✦ **Perhaps I could say no this time.**
今回はお断りさせていただければと思います

✦ **Perhaps I could be of assistance.**
お役に立てるかと存じます

など、謙虚な姿勢が感じられる表現になります。

👍 穏やかな提案に「…してみては」

I guess we should clarify this issue.
この問題を明らかにしてみては

＊I guess we should...は、このフレーズのまま、丸ごと

覚えましょう。「…してみては」「…するべきかな」は、ビジネスパーソン必須のフレーズです。
I guess...（…かな）で断定的な言い方を避け、さらにwe should（…すべきだ）で穏やかな提案になります。
I guessの後が、youではなくweとなるのがポイント。weで職場の「チームとしての連帯」を感じさせます。

✦ **I guess we <u>should</u> brainstorm every day.**
　毎日ブレインストーミングをやってみては
✦ **I guess we <u>should</u> start the meeting without him.**
　彼抜きで会議を始めては

などの婉曲的な提案は、社内での会話にうってつけです。

やらざるを得ない時「そろそろ…するしかないね」

I guess I <u>should</u> say I'm sorry.
そろそろ謝るしかないね

＊I guess I / we should...で「そろそろ…するしかないね」という言い回しになります。仕事でどうしても何かをやらざるを得ない時、使える表現です。
I should...だけなら「…すべきだ」という強い表現ですが、I guessを付けることで、「…するしかないね」という柔らかい諦めのニュアンスが出せます。
I guessはI thinkよりもやや曖昧で、「…かな」に近い言い方。同僚や部下に行動を促すのに、ぴったりです。
提案の形で人を動かすことができます。

Part1 ネイティブもその気になる「5つのキラー・ワード」

mind
嫌でなければ、もしよかったら

mindを使った表現といえば、Would you mind...?（…してもらえませんか？）をすぐに思い浮べるでしょう。
しかし実際のところ、ネイティブは「気使いの言葉」としてよくmindを利用します。
謙虚に依頼する「もしよかったら」、苦言を呈する「こう言うのもなんだけど」、「まったく気にしていない」が転じた「喜んで」など、Ifやnotと共にフレーズとして用いることで、ビジネス必須のさまざまな常套句になります。
「悪いけど…してもらえる？」なんて、言いたくてもなかなか言えませんよね？　しかしmindを使えば、そんな複雑な表現も簡単に言えるようになります。
mindをフレーズごと覚えて、ぜひ使ってみてください。

👍 本心からOKの時は「喜んで」

I wouldn't **mind** at all.
喜んで／承知しました

＊Would you mind...?（…してもらえますか？）に対する最上級の答えが、I wouldn't mind at all.です。
直訳だと「まったく気にしません」ですが、それが転じて「喜んで」「承知しました」となります。いかにも本心から、進んで何かを引き受けようというニュアンスが出せます。

常にこのフレーズを心がければ、昇格も間違いなし？
あわせて同じ意味合いとなるこのフレーズも覚えておきましょう。

✦ **I woundn't say no.**
喜んで／承知しました。

丁寧にお願いするなら「…してもらえない?」

Would you mind calling back later?
折り返し連絡をいただけませんか？

＊きちんと何かをお願いするのであれば、Would you mind...? がいいでしょう。「…してもらえますか？」という、丁寧かつ優しい口調のフレーズになります。
クライアントへの頼みごとはもちろん、上司にも部下にも使って違和感がありません。

「本音を言えば」「こう言うのも何ですが」「悪いけど」

If you don't mind, could you hurry?
悪いけど急いでもらえる？

＊「本当はこんなことを言いたくないんだけど、本音を言えば…」というニュアンスのフレーズ。
If you don't mind...で「こう言っちゃあ何だけど」と、これから悪いことを言うと前置きしてから、後に言いづらいことを続けます。注意喚起に使える言い回しです。

Part1 ネイティブもその気になる「5つのキラー・ワード」

+ **If you don't <u>mind</u>, could you be more specific?**
こう言うのも何だけど、もう少し具体的に話してもらえる？

+ **I don't think this is a good idea, if you don't <u>mind</u> me saying so.**
率直に言わせてもらえば、これはいいアイデアだとは思わないな。

If you don't mindの後の「本音」に注目し、きちんと行動に反映できる部下なら、将来有望です。

> 👍 謙虚な依頼は「よかったら」「差し支えなければ」
>
> **If you don't mind, could you tell me what you think?**
>
> よかったら考えをお聞かせください

＊If you don't mind...（もしあなたが…を気にしなければ）は「もしよろしければ」「差し支えなければ」という、謙虚な表現です。相手に対する敬意も表せるので、目上の人の意見を聞くのにも使えます。

+ **If you don't <u>mind</u>, could you take a look at my report?**
よかったら私の報告書を見てもらえますか？

+ **If you don't <u>mind</u>, I'd like to go with you.**
差し支えなければ、あなたに同行します

「よかったら」とまずは断るので相手も嫌な気持にはなり

029

ません。上司であれば「部下にも気を使う優しい人」、部下であれば「上司に礼儀正しい有望な若手」という印象を与えられるでしょう。

👍 ほめる時は「…と言わざるを得ない」

I don't mind saying, you did a good job.
よくやったとほめざるを得ないよ

＊I don't mind saying...の後にはほめ言葉が続き、「よくやった」をさらに強調した「よくやったと言わざるを得ない」という表現になります。
上司が部下に言うような、「上から目線」の言い方ですが、こう言われたらたいしたもの。上司があなたの才能を認めたということですから、素直に喜びましょう。

👍 NGと言う時は「申し訳ないですが」

If you don't mind, I'd like to say no this time.
申し訳ありませんが、今回は遠慮します

＊If you don't mind...の後に「お断りの言葉」を続けると「申し訳ないですが…できません」と、人に何かを断るのに最適な表現となります。
　NGを伝えるのは気を使うものですが、この表現なら相手への敬意が表せ、いい印象を残せます。

✦ **If you don't mind, I have to decline.**
すみませんが、辞退させていただきます

大切な顧客や目上の人にも使えるキラー・ワードです。
他にもさまざまな表現がありますが、すべてに共通するのは相手を気づかう「丁寧さ」。mindをフル活用して、上司も部下も動かせる人になりましょう。

have (to)
どうしても…したい、…しなくては

「have toのような強制的な言い回しが、どうしてキラー・ワードに？」と思うかもしれませんが、使い方によっては、人を動かすのにとても便利な言い回しです。

have toといえば「…する必要がある」でお馴染みでしょうが、他にも「…しないと気がすまない」「…するしかない」などのニュアンスがあり、効果的に用いると、職場でのさまざまな対応に使えます。

ある時は「どうしても…したい」と熱意を伝え、ピンチには「…してもらわないと」と穏やかに命令を下し、さらには「…せざるを得ない」と頑固な意思を見せるなど、臨機応変に使い分けられます。

have toの微妙なニュアンスを身につけ、クライアントや上司、部下にうまく自分の意思を伝えましょう。

熱意を伝える「どうしても…したい」

I have to ask what you think.

あなたの考えをどうしても知りたい

＊have toの定番表現といえば、この「どうしても…したい」「…する必要がある」でしょう。これは「外的な条件により、何かをしなければならない」という意味合いがあるため、職場で使うにはぴったりです。

たとえ主語がIでも、「(仕事のために) 私は…する必要がある」というニュアンスに聞こえます。

+ **I have to ask this...**
   これはぜひお聞きしたい
+ **I have to ask why.**
   ぜひ理由を聞きたい

など、覚えておけば「使える」フレーズがあります。

穏やかな命令なら「…してもらわないと」

I have to ask you to reconsider.
もう一度考え直してもらわないと

＊人を目的語にしてhave toを使えば、優しい命令になります。普通の命令形は「…しろ」という厳しい口調ですが、I have to ask you...なら「あなたに…するようお願いしなくてはいけない」、つまり「…してもらわないと」という遠回しな命令・お願いになります。

強制的なニュアンスがないので、言われたほうも素直に受け入れやすいでしょう。部下への注意におススメです。

+ **I have to ask you to be a little more quiet.**
   もう少し静かにしてもらわないと
+ **I have to ask you to leave.**
   お引取りください

頑固な意思を見せる「…せざるを得ない」

I have to say, I can't agree.
同意はできないと言わざるを得ません

＊仕事では、時に強固な姿勢も見せなくてはいけません。そんな時に使えるのが、「…せざるを得ない」のhave toです。特にI have to say...（…と言わざるを得ない）なら、「（何らかの理由で）私はこのような返事をせざるを得ません」という意味合いになるため、自分が悪者にならずに、人にNoを言えます。

+ **I have to say no.**
 ダメと言わざるを得ません
+ **I have to say goodbye now.**
 そろそろお暇しなくては

このような微妙な表現は、日本語でも難しいもの。have toを使って、うまく乗り切りましょう。

言いにくいことを言うなら「まぁあれだけど」

I have to mention, it might be best not to do that.
まぁあれだけど、それはやらない方がいいね

＊I have to mention...は「まぁあれだけど…したほうがいい」という、非常に微妙な表現をするのにうってつけのフレーズです。
mentionが「ソフトに言う」という曖昧なニュアンスを持

つため、「まぁあれだけど…」という遠回しな言い方になります。言いにくいことを言わざるを得ない時、このフレーズなら相手も傷つかないでしょう。

👍 命令の伝達なら「…すべきだ」「…しないと」

It has to be done by Wednesday.
水曜までにそれをやって

＊主語をItにしてIt has to be…と受身形にすれば、「…されるべきだ」つまり「…すべきです」と、命令を伝達する言い回しに。間接的に言うので、嫌味になりません。

✦ **It has to be this way.**
こうでなければならない

✦ **It has to be perfect.**
完璧にすべきだったね

👍 人にキツく注意するなら「…しなさい」

You have to be careful not to do that again.
二度とそんなことはしないよう気をつけなさい

＊正攻法で人を注意するなら、You have to…でしょう。「…しなさい」という直接的な注意になります。
キラー・ワードには間接的な注意が多いですが、時にはストレートな注意も必要です。そんな時はこれがおススメ。

✦ **You have to be a wise businessperson.**
ビジネスには頭を使わないと

035

✦ **You <u>have to</u> be daring and do what no one else will do.**
人がやらないことをあえてやりなさい

have toを効果的に使えば、仕事もスムーズに進められるはず。
Part2からは、状況別の応用編です。5つのキラー・ワードを使って、人を「その気」にさせる英語を言いましょう。

Column 1

相手をいい気分にさせるキラー・フレーズ

返事の仕方ひとつで、相手を気分良くも悪くもさせます。ここでは丸ごと使える「キラー・フレーズ」をご紹介しましょう。

Do you mind if...? で「…してもいい？」と丁寧に聞かれたら、たまにはYes / No以外で返事をしてみましょう。

ほんのひとこと添えるだけで、相手を良い気分にさせる「返事のキラー・フレーズ」です。臨機応変に活用し、やり取りをスムーズに進めましょう。

OKの返事

No, not at all. （いいえ、全然気にしません）
Of course not. （もちろん気にしません）
No problem. （もちろんいいよ）
No problem at all. （全然オッケー）
Why not? （オッケー）

NOの返事

I'm sorry, but I can't. （ごめん、無理なんだ）
Sorry, but I can't. （ごめん、無理なんだ）
I'd love to, but I can't.
（そうしたいけど無理なんだ）

Part 2
「相手のことを知る」最適な言い方

✦ ここからは、キラー・ワードを実際に活用していくための「実践編」です。
職場や日常生活でいかにキラー・ワードを利用していくか、実際の状況に応じたフレーズを覚えましょう。
まずは、「相手のことを知る」ための会話術です。
人とうまくつきあっていくには、まず相手を知ることが大事。
相手が気分よく話したくなるような問いかけをすれば、相手のことがわかるようになります。
人が自然と心を開いてくれるような、絶妙な言い回しを身につけましょう。
この章以降の「使い方」は、10～11ページをご参照下さい。

「どうして？」と理由をきく

部下が全体会議に遅刻しました。他のスタッフの手前、理由をきちんと説明してもらいたいところ。部下からうまく理由を聞き出すには、どう言えばいいでしょう？

DANGER Why?

こう伝わる! なんで（どういうつもり）？

理由を聞くなら Why?（なぜ）と、中学校でも習ったはず。なのにダメって、どういうこと？　そう思うのは当然です。これは「言い方によって」、NGなのです。

Why? を抑揚をつけずに短く言うと、「なんでよ（どういうつもり）？」と相手を詰問するような口調になってしまいます。

ただ単に理由をたずねるなら、以下の言い方もあります。

・Why's that?（どうしてなの？）

の方が穏やかで、好奇心から聞いているように思えます。

・How come?（なんで？）

この How come? は文法的には正しくありませんが、これもネイティブは非常によく使います。

・Why are you late? / How come you're late?
（なんで遅れたんだ？）

など、さまざまな聞き方がありますが、いずれもストレートに理由を聞きすぎて、相手は責められている気がします。

Part2「相手のことを知る」最適な言い方

うまく理由を聞き出すには、どう言えばいいでしょう。

👍 OK.1 Oh? Why?
え？どうして？

Oh? を日本語にすれば「え？」という感じ。だから Oh? だけでも「なんで？」というニュアンスになり、悪意なく、すんなり理由を聞き出せます。

相手も理由を言いやすいので、もしかしたら、これが一番のキラー・ワードかもしれません。ただし、くだけすぎる感もあるので、時と場所に応じて使いましょう。

👍 OK.2 I have to ask why.
どうしてなのか聞きたいですね。

これは「理由をたずねる必要がある」というより、「興味があって、どうしてもその理由を知りたい」意味合いのため、相手を責めているようには聞こえないフレーズです。

独り言のようにも思えるので、相手も答えたくなければ無視して OK。ですから気軽に聞きにくいことも聞けます。

👍 OK.3 I'd appreciate it if you could tell me why.
理由を教えてもらえると、うれしいんだけど。

遅刻などの簡単な理由はもちろん、退職などの重大事をたずねるのにも使えるフレーズです。

「そのいきさつを教えてもらえないでしょうか」と同じようなニュアンスのフレーズで、改めてきちんと理由を説明してもらいたいような場合に最適です。

OK.4 Maybe you could tell me why.
なぜかは教えてくれるよね。

Maybeは、微妙な状況でよく使われる言葉。この例文でいえば、理由を教えてくれるかどうかは微妙なものの、あえて「大丈夫だよね、教えてくれるよね？」と念を押すような言い方になります。
相手がなかなか心を開いてくれない時、このフレーズを使うといいでしょう。親身に思っていることが伝わります。

OK.5 If you don't mind, tell me why.
よかったら、理由を教えてくれない？

真剣に理由を聞き出す言い方です。Tell me why.だけだと相手を責める感じがしますが、If you don't mindを前か後ろに付ければ、答える／答えないは相手の自由。ビジネスにもプライベートにも使えるフレーズです。

Part2「相手のことを知る」最適な言い方

おまけのフレーズ

👍 **OK** **I wish you'd tell me why.**

(言いたくないのは分かっているけど)教えてもらえない?

こんなふうに言われたら、うっかり秘密ももらしてしまいそう! とても丁寧でソフトに聞こえるフレーズです。泣いている人に、涙の理由を聞き出すのにも使えます。これなら、「親切な上司」というイメージ作りにも最適でしょう。似た言い方で、

・**I wish you'd tell me why, but you don't have to.**
 (教えてもらえるとうれしいけど、言いたくなければ言わなくてもいいよ)

もよく耳にします。「殺し文句」にいいですね。

おまけのフレーズ

👍 **OK** **It's hard (for me) to ask this, but I need to know why.**

聞きづらいことだけど、理由を教えてもらわないと困るな。

部下からきちんと釈明を受けるならば、このような言い方がいいでしょう。It's hard... と言えば、相手にもプレッシャーがかかり、「言わざるを得ない状況」になります。

「それは本当?」と確認する

飛び込み営業で、部下が新規の注文をとってきました。あまりにオイシイ話で、どこまで本当か疑わざるを得ません。どう言えば部下を傷つけずに確認できるでしょう?

DANGER Are you sure?
こう伝わる! それ、嘘じゃないの?

Are you sure? はネイティブもよく使うものの、口論の元となることもしばしば。暗に「それ、嘘じゃないの?」と相手を疑うニュアンスが含まれているため、相手の気分を害してしまう可能性があります。こんな時は、

- Are we sure?(大丈夫かい?)
- We'd better make sure.(確認した方がいいね)

と、youではなくweを使えば、角は立ちません。

しかし、そもそもsureという単語自体に「大丈夫なの?」と人を疑うネガティブなニュアンスがあるため、ビジネスでは他の言葉を使った方が無難です。

そこでビジネスパーソンがよく使うのは、vet。

ニュアンス的に、sureは「嘘かどうかを明らかにする」ですが、vetは「本当だと明らかにする」です。ネガティブなイメージがないため、ビジネスの場ではvetを用いた方がいいでしょう。vetは初耳という人も多いでしょうが、ぜひ覚えてください。

OK.1 We <u>should</u> vet this.
これは確認した方がいいだろうね。

絶対に確認しなくてはいけない、という強制的な言い方ではありません。しかしこう言われたら、責任感のある部下ならすぐ行動に移すでしょう。

ある意味、「部下をテストする」フレーズでもあります。試しに使ってみるのもいいでしょう。

OK.2 We <u>have to</u> vet this.
これを調べないと。

Weが主語なので「一緒にやろうよ」と聞こえますが、上司にこう言われたら、「あなた」がやるべきなんです！

これを聞いて「自分が確認しないと」と理解して動いたら、それは優秀な部下でしょう。

しかし、Would you do it?（やってくれない？）やCould you do it?（できる？）と付け加えなければ動かない部下だと、先行きは不安です。

ちなみにWould you do it? とCould you do it? に大きな違いはありませんが、ネイティブにしてみればWould you...?の方が必死に聞こえ、「何とかお願い…」という気持ちが伝わります。

一方、Could you...?は「やって下さい」に「できますか？」を足したニュアンスに近く、親しい間柄で使うのがいいでしょう。

OK.3 Oh…we'd better vet this.
そうか…これは調べた方がいいね。

Oh...によって文が軽くなるので、相手も意見を言いやすいでしょう。さらにvetを使うことで、「きちんと確認しよう」というニュアンスになります。

OK.4 I'd appreciate it if you would vet this.
これを調べてくれると助かるな。

ある程度仕事を任せられる人なら、こんなフレーズもいいでしょう。「あなたの判断に任せるが、さらに調べてくれれば感謝する」というニュアンスです。
有望な部下であれば、上司の信頼に応えるためきちんと調査するはず。これも「部下を試す」フレーズです。

OK.5 Would you mind vetting that?
それを確認してもらえる？

直訳だと「確認するのは嫌ですか？」ですが、転じて「確認してもらえる？」となります。上司から、丁寧な依頼表現のWould you mind...?で聞くので、かえって命令に近い意味合いになります。
忠実な部下なら、Sure.（はい）やI'll get right on it.（すぐやります）と答えるのが当たり前。Noはあり得ません！

話があって「少し時間もらえる？」と聞く

大事な案件で、部下の意向を確認します。きちんと話をしたいので「少し時間もらえる？」と声掛けするなら、どのように言えばいいでしょう？

DANGER Got a minute?
こう伝わる! ちょっといい？

「少し時間もらえる？」「時間ある？」は日米の違いに関わらず、職場で頻繁に使うフレーズです。
でもここで注意したいのは、簡単な用事で言う「ちょっといい？」と、折り入って話がある「ちょっといい？」では、意味合いが違うということ。
ネイティブは本来、簡単な内容であれば、

・Got a minute?（ちょっといい？）

のような「短時間」を連想させるフレーズを使います。
しかし本当に真剣な話なら、

・Do you have a minute?（少し時間あるかな？→ちょっと時間とってもらえる？）

など、改めて話をする時間を取ってほしい旨を伝えます。
さらにThere's something important.（大事な話があります）と付け加えれば、より具体的に伝わるでしょう。
では、折り入って話があるような場合、キラー・ワードを利用して、どのように声を掛ければいいでしょうか？

OK.1 Oh,... could I have a minute?
ええっと…少し時間もらえるかな？

Oh,...と躊躇しながら言えば、「折り入って話がある」ことが、それとなく伝わるでしょう。「折り入って話が…」と言う場合、話の内容は重大なこと、もしくは悪いことのいずれかがほとんど。相手を不安がらせないよう、穏やかに声をかけるといいでしょう。

OK.2 I'd appreciate it if you could give me a minute.
少し時間をもらえるとありがたいんだが。

とても丁寧な言い方ですから、こう言われたら相手も断るのは難しいはず。「断りにくい」声かけです。
I'd appreciate it if...は形式的な言い方ですから、こう言えば折り入って話のあることが、相手にも通じます。大事な話をするのであれば、このような少し「堅い」言い方がおススメです。

OK.3 Maybe we should talk for a minute.
少し話そうか。

疑問文ではないものの、「少し話そうか」と「あえて」相手にたずねる言い方です。
遠回しに言うことで、「その場ではできない大事な話をしま

Part2「相手のことを知る」最適な言い方

すよ」と事前告知することにもなります。
こう言われたら、What about?（何ですか？）やWhen?（いつですか？）と返事をするといいでしょう。

👍 OK.4 If you don't <u>mind</u>, could I have a minute?
よかったら、少し時間をもらえるかな？

If you don't mind...と相手を気づかってから本題に入る、とても丁寧な言い方です。こう前置きすれば何か大事な話をするという事前告知にもなり、たとえショックなことを言っても、相手はあなたを責めはしないでしょう。
異動や左遷といった言いづらいことを言う場合は、こんな「相手への気づかい」も大切です。

👍 OK.5 I <u>have to</u> ask for a minute of your time.
少し時間をもらいたいんだが。

「忙しいのはわかっているが、1分でも話せないか」というニュアンスのフレーズ。have to...を使うことで、「絶対に話さなくてはいけないことがある」と暗に伝えています。上司から部下へはもちろん、部下から上司に伝えなくてはいけないことがある場合も、使えます。さらに、「ちょっとお時間をいただきたいんですが」と「告白」するための呼び出しにも使えます！　ぜひ覚えておきましょう。

049

「もう少し考えてもらえない？」と説得する

将来の絶対的エースと期待していた部下が、転職を検討中だとか。「もう少し考えてみないか？」と退社を引き止めるには、どう言えばいいでしょう？

DANGER Think about it a little more, please.

こう伝わる！ もう少し考えてください。

表現として間違いではありませんが、これではあまりにあっさりしすぎです。事務的にただ言っているような響きがあり、これでは絶対的エースの脱退は引き止められません（まるでどこかのアイドルグループのようですね）。

・Please don't quit.（頼むから辞めないで）

これでは頭を下げてお願いしているように聞こえ、上司としては失格です。こんな時、

・Think about it just a little more, please.
（もう少しだけ考えてもらえないだろうか）

なら、「もう既によく考えただろうが、それでももう少し考えてもらえないか」と相手の気持ちを尊重している感じが伝わります。

それではさらに踏み込んで、５つのキラー・ワードを使って部下の退職を思いとどまらせるには、どう言えばいいでしょう？

Part2「相手のことを知る」最適な言い方

👍 OK.1 Maybe you <u>should</u> think a little more.
もう少し考えた方がいいんじゃない？

くだけた感じのソフトな提案になり、相手にもプレッシャーになりません。普段から親しくつき合っている相手なら、まずはこう言うのがいいでしょう。同僚に言うなら、こんなフレーズがいいかもしれません。

親身に相手のことを考えているのが伝わります。

👍 OK.2 I <u>have to</u> ask you to reconsider.
もう一度考え直してもらわないと。

ちょっと強引な言い方ですが、こういう状況ならかえって効果的です。I have to... は、「（この状況では）…するしかない」なので、「このまま何も言わずに、君を手放すことはできない」という意味になります。

退職や転職を翻意させるのはもちろん、男女間の別れにも使えるキラー・フレーズです。いざという時に、ぜひ！

👍 OK.3 <u>Oh</u>, let's think about it a little more.
ねぇ、ちょっと待って。もう少し考えてみよう。

この場合のOhは、Oh, just a moment...（ねえ、ちょっと待って…）に近い響き。Ohと呼びかけることで相手の注意を引きつけ、再考を促す役割を果たします。

相手の目線に立った言い方になるので、これなら部下も思

いとどまるかもしれません。

> ### 👍 OK.4 I'd <u>appreciate</u> it if you could think about it some more.
> もう少し考えてもらえたらうれしいんだが。

付き合いの深い・浅いに関わらず、人を慰留する定番表現がこれ。親身に、やんわりと再考を促します。
appreciateで「転職したいという決断は尊重するけれども…」と、相手の意思を大切にしています。部下と仲が良い場合は、I'd personally appreciate it... も効果的。これなら「個人的に助かる」というニュアンスになり、相手の心に響くでしょう。

> ### 👍 OK.5 Would you <u>mind</u> if we thought about this a little more?
> このことについて、もう少し考えてもらえないだろうか？

決意の固い人に再考を促すなら、Would you mind...? を使った丁寧な言い方がおススメです。

・Do you mind if we think about this a little more?
（このことについてもう少し考えてみませんか？）

なども失礼のない言い回しですが、Would you mind...? の方が、よりへりくだった言い方になります。

Part2「相手のことを知る」最適な言い方

おまけのフレーズ

👍 **OK** **If I were you, I think I would think about it just a little more.**

君の立場だったら、もう少し考えるよ。

「だから君も、もう一回考え直さないか?」と暗にほのめかすフレーズ。真剣に部下を思いやっていることが伝わるので、素晴らしい上司だと思われるでしょう。

おまけのフレーズ

👍 **OK** **I wish you would think about it just a little more.**

もう一度考えてみてくれないか。

I wish you would... は、「…してもらえないかなぁ」と人に何かをお願いするのにぴったりなフレーズ。
「無理かい?」というニュアンスがあるので、絶対に失いたくない部下にはおススメです。

Column 2

Um... も使ってみよう

「えーっと」って、便利な言葉ですよね。
言葉がすぐに出て来ない時、言いにくいことを言わなくてはいけない時…さまざまな「ちょっと困った時」のお助けキラー・ワードとして、Um...が使えます。

たとえば、初対面の女性にAre you married?（結婚してます？）といきなり聞くよりも、Um...are you married?「えーっと、ご結婚はされていますか？」と聞く方がソフトに聞こえ、相手への遠慮や気使いが感じられます。
このUm...は、日本語の「えーっと」や「何と言うか」のように、文頭だけでなく言葉の途中で言うこともよくあります。
レポーターならI um...need to ask you a sensitive question.（私は…えーっ、ちょっと微妙な質問をしなければなりません）、Where um...do you live now?（えーっと、今はどちらにお住まいですか？）のように言い、Um...をはさむことで相手に配慮していることをそれとなく伝えます。
Um... を効果的に使って、会話をよりスムーズに進めましょう。

Part 3
「自分の意思を表す」頭のいい表現

✦ 外国人に比べ、日本人は感情表現がヘタだとよく言われます。
たとえば職場でネイティブに何かを頼まれて、そのままYes.(はい)と返事をしたら、愛想のない人だと思われます。
ビジネスパーソンなら、「喜んで」「もちろん」といったニュアンスをつけて返事をしたいもの。言葉ひとつで、相手の気分も良くなります。
職場の人間関係をよりよくするためにも、キラー・ワードを使って、1ランク上の表現を目指しましょう。

「もちろん！」とOKの返事をする

「すみません、手を貸していただけけますか？」と部下から言われました。もちろんOKです。でも、どう答えれば「上司らしい返事」になるでしょうか？

DANGER YES.

こう伝わる! はい。

部下からCould you help me?（手を貸してもらえますか？）と聞かれて、Yes.で会話を終わらせるネイティブの上司は、まずいません。
なぜかと言えば、数単語で終わる短い返事は、イントネーションや表情により「仕方ないなぁ…」「わかったよ」というネガティブな返事と誤解されるおそれがあるためです。
・Yes, sure. / Yes, of course.（はい、もちろん）
・Yes, I'd love to.（はい、喜んで）
など、決まり文句もいろいろとありますが、キラー・ワードと組み合わせれば、より具体的に思いを伝えられます。さあ、あなたなら何と言いますか？

OK.1 Oh, yes.
ああ、もちろん！

部下からのたっての願いを聞いてあげるなら、気持ちよく

答えたいもの。同じYes.の返事でも、ohをつけるだけでグッと雰囲気が変わります。Oh, yes.は「君ならいつでもOKだよ」という意味合いもあり、信頼し合った相手に使えるフレーズです。

- **Oh, yes. Sure.（あぁ、はい。もちろん）**
- **Oh, yes. I'd be happy to.（あぁ、はい。喜んで）**

なども同じく、前向きで気持ちのいい返事に聞こえます。

OK.2 I wouldn't mind at all.
喜んで。

人に何かを依頼する時、Would you mind...?（…してもらえますか？）をよく使いますが、そのベストな返事がI wouldn't mind at all.です。直訳すれば「（手伝うことは）まったく気にしません」、つまり「喜んで」ということ。こういう場合、日本人はよくI'm willing to help.（手伝うのは嫌じゃない）と言います。しかしbe willing toは「…するのは厭わない」という意味合いになるため、心から「喜んで」と言うならI wouldn't mind at all.を使いましょう。

OK.3 I could and I should.
そりゃあ、もちろん。

いかにもネイティブっぽい答え方です。Do you think you could help me?（手を貸してもらってもいい？）と言われた時の、決まり文句的な返事です。

I could and I should. は、「できますよ、手伝いをするのは当たり前です」といった意味合いで、気軽にOKする場合の答え方。この返事なら、あなたの株も上がります。

OK.4 I appreciate you asking. Yes.
声をかけてくれてありがとう。もちろんOKだ。

部下が上司に何かを頼むのは、かなり勇気がいること。こんな風に答えてあげたら、部下も気が楽になります。
直訳の「頼んでくれたことに感謝する」とは、「頼みづらかったろうが、声をかけてくれてうれしい」ということ。「だから喜んで手伝う」という気持ちが伝わります。

OK.5 For you, I have to say yes.
あなたのためなら、「ハイ」と言わなきゃ。

相手に何か借りがあったり、自分にとって特別な人に対してであれば、定番表現としてこんな言い方も覚えておきましょう。
「あなたにはYesと言わなければいけない」、つまり「あなたのためなら、『ハイ』と言わないとね」と多少「恩を売る」ような言い方です。少し嫌味っぽく聞こえますが、信頼関係あってこそ使えるフレーズです。

Column 3

OK以外の返事も言おう

OKの返事は他にもいろいろとあります。時と場所に応じて、最適な言葉を使うようにしましょう。

✦ Yeah.（わかったよ）

ネイティブは、実は日常会話ではYes.よりもYeah.をよく使います。「イエー！」のようにノリよく言うと、雰囲気が出るでしょう。Yeah.を使うだけでフレンドリーな感じも出せるので、オススメです。

✦ Can do!（かしこまりました／了解！）

Can do!は、I can do that for you.（そのようにいたします）を短縮したもの。何かを頼まれて「了解！」と答える時に使う、くだけた表現です。気楽に使ってみましょう。

✦ It's hard to say no to you.
　　（君に頼まれたら、断りたくても断れないよ）

本当はNo.と言いたいけれど、しょうがなくYes.と言う時にはコレです。男性が女性の買い物につき合う時のように、しぶしぶOKするフレーズになります。

059

「喜んで！」と快く引き受ける

新製品の発表会まであと数日。隣の部署から「手を貸してほしい」と声がかかりました。困った時はお互い様。「喜んで」と返事するには、どう言えばいいでしょう？

DANGER **Okay, I'll do it.**

こう伝わる! わかった。仕方ないからやるよ。

I'll do it. は、シンプルであるがゆえに、さまざまなニュアンスに受け取られるフレーズです。明るい表情で言えば、問題なく「いいよ、喜んでやるよ」というニュアンスですが、イントネーションによっては「わかった。仕方ないからやるよ」とネガティブな感じに聞こえてしまいます。
ネイティブも実際に、ネガティブに使うことがよくあり、字面で見ている限りでは、どちらのニュアンスで使っているのか判断がつきません。かわりに、

・I'll be happy to do it.（喜んでやります）

なら、誤解されることもありません。
キラー・ワードを利用して、周りも気持ち良くなる言い方はできるでしょうか？

OK.1 **I could do that.**
それならできるよ。

Part3「自分の意思を表す」頭のいい表現

couldをどう訳すかで悩むかもしれませんが、これは意外とポジティブなフレーズになります。

「それならできるよ」という意味合いで、「喜んで」のニュアンスがあります。

実際にネイティブは、

・I could do that. I'd love to.
　（それならできるよ。喜んで）

と、よくI'd love to.を付けて言います。

👍 OK.2 I wouldn't <u>mind</u> doing that.
それをやってもいいよ。

直訳すると「それをやるのは嫌ではない」ですが、実際はかなり前向きな言い方です。「いいね！」に近いニュアンスかもしれません。似たフレーズで、

・I wouldn't mind doing that at all.
　（それなら喜んでやるよ）

もネイティブはよく使います。…doing that.よりも、さらに前向きに聞こえる言い方で、「全然嫌ではない」つまり「喜んで」となります。

👍 OK.3 I <u>have to</u> say, I'd love to do it.
もちろん、喜んでやりますよ。

丁寧に言い換えれば「あなたからの依頼はあまりにも嬉しいものなので、ぜひ喜んでやります」、そこから「もちろん、

061

喜んでやります」となります。
I have to say, I can do it. だと英語としては不自然ですが、I have to say... の後にI'd love to do it. と続ければ、頻繁に耳にする表現。
このような定番表現は、感覚的に言えるよう丸ごと覚えるといいでしょう。

OK.4 Oh, okay. I'll be happy to do it.
ああ、わかった。喜んでやるよ。

最初にOh, okay. と言うだけで、ネガティブなニュアンスはなくなります。「あ、もちろん！」に近い感じで、これだけでも気持ちよく引き受けることが伝わります。
英語が苦手なら Oh, okay. だけでも大丈夫です。

OK.5 I appreciate you asking me to do this.
声をかけてくれてうれしいよ。

「声をかけてくれて…」としましたが、要は「自分に依頼してくれて」ということ。
重要な仕事やポストを割り当てられた場合に言うフレーズで、「自分を頼りにしてくれてうれしい」「あなたの役に立てて何よりだ」という気持ちを表します。
こう言われたら、誰でもうれしいはず。周囲をハッピーにするキラー・フレーズです。

順番で「私を先に行かせてほしい」と頼む

急いでタクシーに乗らないと、飛行機に間に合いません。
先に並んでいる人に気持ちよく順番を譲ってもらうには、
どう言えばいいでしょうか？

DANGER **I want to go first.**

こう伝わる! 私が先だ。

「私が先だ」なんて言われたら、どんな人でも譲りたくなんか、なくなります。
I want to... はネイティブも使うものの、実は子供っぽく聞こえることもある言い方。「私が先！」と子供が言い張るのを、想像するといいでしょう。
自分が「…がほしい」「…したい」と言うなら問題ありませんが、人にものを頼むのに I want to... は危険です。
人に何かをお願いするなら、

- Would it be okay if I...?
 (…してもいいですか？)

を付けて言えば問題ありません。ですからこの状況では、

- Would it be okay if I went first?
 (先に行ってもいいでしょうか？)

と言えばOKです。これなら丁寧に聞こえます。
では、ビジネスパーソンとしてさらに上級の表現をするならば、どのような言い方をすればいいでしょうか？

OK.1 <u>Oh</u>, would it be okay if I went first?
ええっと、先に行ってもよろしいでしょうか？

この場合のohは、Oh, excuse me, but...（ええっと、申し訳ないですが…）と同じようなニュアンスで使われています。
何か話を切り出す時の「ええっと」と同じような使い方で、見知らぬ人に話しかける時も使えます。「オーゥ」と困った表情で言うと、効果的かも。

OK.2 I'd really <u>appreciate</u> it if I could go first.
先に行かせてもらえると、とても助かります。

拝み倒して無理強いするなら、このフレーズでしょう。相手の恩情を引き出して、何とか譲ってもらう作戦です。
こう言ってから、If I don't go now, I think I'll miss my flight.（今行かないと、飛行機に乗り遅れるんです）などと説明すれば、わかってくれる人も多いでしょう。

OK.3 I <u>should</u> go first?
私が先かな？（無理かな）

「…させてもらえるかな？」と言いつつ、「それは無理かな？　誰か他の人に頼むしかないか」とほのめかして、人の情けを頂戴するフレーズです。

「先に行きたいなら、素直にそう言いなさいよ！」と突っ込まれそうな言い回しですが、上司が部下にお願いするならこんなフレーズもアリでしょう。嫌味にならないよう可愛く言えば、「しょうがないなぁ」とOKしてもらえますよ。

👍 OK.4 If you don't <u>mind</u>, could I possibly go first?

何とか先に行かせてもらえないでしょうか？

丁寧な言い方で、なおかつ必死さの伝わる表現です。
簡単なお願いなら、If you don't mind, could I go first? でもOKですが、少し面倒なお願いなら、このようにpossiblyを入れましょう。「何とかお願いできないでしょうか」と一生懸命さが伝わります。

👍 OK.5 I <u>have to</u> ask, could I go first?

どうしても先に行かせてほしいのですが。

ちょっと強引に言うならコレ！　かなり切羽詰まったお願いに聞こえます。腰を低くしてお願いすれば、相手にも必死さが伝わるかもしれません。
I have to ask if I could go first. も同じようなニュアンスですが、I have to ask... の後は、疑問形のほうがよく使われます。これなら、肩書きにも関係なく使えるフレーズです。「どうしても」という時は、これを使いましょう。

感情を抑え「フェアじゃない」と伝える

同業他社の取引レートが、うちより安いことが発覚しました。感情的にならずに取引先に対しきちんと「不公平だ」と伝えるには、どう言えばいいでしょうか？

DANGER **That's not fair.**

こう伝わる！ そんなの不公平だ。

仕事中に「そんなの不公平だ」なんて言われたら、相手はびっくりするでしょう。
That's not fair. は、アメリカの子供が遊んでいる最中によく言う決まり文句。遊びのルールなどに不満がある時に言います。
大人がまったく使わないわけではありませんが、ビジネスの場ではあまり耳にしません。また、相手にもいい印象は与えないでしょう。そのかわり、

・That doesn't seem fair.
 （フェアじゃないようだ）

なら「それはちょっと不公平に思えます」という意味合いになり、慎重に言葉を選んで言っている印象を与えます。ビジネスで感情を抑えて「フェアじゃない」と言うには、どのように言えばいいでしょうか？

Part3「自分の意思を表す」頭のいい表現

👍 OK.1 <u>Oh</u>, this doesn't seem fair.
ちょっと、これはフェアではないでしょう。

「事実に驚き、思わず口をついた」という風にするなら、最初にohと驚くのがいいでしょう。
フェアじゃないという事実が発覚して、時間がたってしまうと使えませんが、それほど時間が経過していなければオススメです。驚いた分、ストレートに怒りも伝えることができます。少し大げさなくらいに言うと、効果的かも。

👍 OK.2 We <u>appreciate</u> your efforts, but this doesn't seem fair.
御社のご尽力には感謝しておりますが、これはフェアではありません。

仕事なら、相手に礼儀上の感謝は示しつつも、言うべきことはきっちりと言います。We appreciate...はとても冷静な言い方で、知的に聞こえるため、こういうビジネスの席では「マスト」に近い必須フレーズです。
We appreciate...の後にbutを付ければ「…は感謝していますが」となり、価格交渉のような譲歩を引き出す交渉にも使えます。
反面、冷たい印象も与えるので、それは覚悟しておきましょう。

067

> **OK.3 Maybe you should realize that this isn't fair.**
>
> お気づきでないかもしれませんが、これはフェアではありません。

Maybe you should realize...（…［はご存じない］かもしれませんが、知るべきでしょう）は、人に忠告する際によく使う決まり文句です。上から目線で言い聞かせるように言うので、威圧的に感じる人もいるでしょう。

言い換えれば「こんなことを知らないとは、あなたはきちんと仕事をやっているのか」とも聞こえる手厳しいフレーズ。かなりキツい言葉ですが、きっちり相手と交渉するなら、これくらいのことも言えなくてはいけません。

> **OK.4 If you don't mind me saying, this isn't fair.**
>
> こんなことを申し上げるのは失礼かもしれませんが、これはフェアではありません。

とても丁寧な言葉使いですが、かなり威圧的な言い方です。交渉する、というより、苦情を申し立てているのに近い言い方になります。

If you don't mind me sayingは決まり文句。「失礼と思われても言わせてもらいます」という意味合いで、相手もそう簡単に無視できない物言いです。

交渉で優位に立つには、こんなフレーズも有効でしょう。

Part3「自分の意思を表す」頭のいい表現

OK.5 I have to say, this doesn't seem fair.
ちょっとフェアではないような気がします。

「どう見てもこの状況はフェアではない」と不服を申し立てるなら、こんな言い方もいいでしょう。
さらにreallyを入れると、その場所によりさまざまなニュアンスが表現できます。

- **I have to say, this doesn't seem really fair.**
  (これはとてもフェアとは思えない)

「フェアとは」を強調するなら、fairの前に。

- **I have to say, this really doesn't seem fair.**
  (これはどう見てもフェアではない)

thisの後だと、怒りの感情が少し増す感じに。

- **I really have to say, this doesn't seem fair.**
  (これはフェアではないと、どうしても言いたい)

あまりにもひどい状況なら、really have to sayを使ってクレームをつけるといいでしょう。
細かく言えば、reallyを入れる場所によりこのようなニュアンスの違いが出ますが、会話ならさほど気にしなくてもいいでしょう。
しかし文書でクレームをつけるなら、reallyをうまく使えば効果的です。苦手とする人の多い、位置による副詞のニュアンスの違いをぜひ覚えてください。

「(値段が)高すぎる」と交渉する

新規の発注先との値段交渉の席で、先方が想定外の金額を提示してきました。「価格が高すぎる」と言うには、どのように言えばいいでしょうか?

DANGER: This price is too high.
こう伝わる! この価格、高すぎます。

This price is too high.では「そのまんま」です。あまりにストレートな表現のため、「だから買わない」「高すぎて無理」と言っているように聞こえ、これでは交渉になりません。

相手から何とか、

I'll try to get you a better price.(値下げできるかもう少し勉強してみましょう) や

Let me see what I can do.(ちょっと考えてみます)

といった言葉を引き出すには、どう言えばいいでしょうか。キラー・ワードを使って考えてみましょう。

OK.1 Oh, this is too much.
えーっ、これは高すぎるなぁ。

ohというのは、思わず口から出た時の言葉。そのため、本音で言っているように聞こえます。

「まさか！（それはおかしいんじゃないか）」というニュアンスもあるので、悪気なく驚いた感じが出せます。
大げさに驚けば、相手も「しょうがないなぁ」と思って値下げしてくれるかも。表情が大切です！

👍 OK.2 I appreciate your efforts, but this price is too high.
頑張ってくださっているのはわかりますが、まだこの価格は高過ぎます。

価格交渉は人対人です。金額に納得できない場合でも、「ご尽力は感謝しますが…」のようなひとことを添えれば、相手への理解を示すことができます。
ストレートに言えば「無理です」で終わってしまう交渉も、I appreciate your effortsと歩み寄ることで、値下げしてもらえる可能性が出てくるかもしれません。

👍 OK.3 I wish you could lower the price.
値段を下げてくれればいいのですが。

こう言ってから、さらにand then I could say yes.「それならイエスと言うのですが」とつけ加えれば、やんわりと相手にプレッシャーをかけられます。
I wish you could...で「あなたが…してくれればうれしい」と仮定法を使うところがミソ。相手を持ち上げることで、自分の希望を聞いてもらいましょう。

OK.4 If you don't <u>mind</u> me saying, the price is too high.

言うのもなんですが、この価格は高すぎるね。

このポイントは、If you don't mind me sayingです。
「言ってもよければ」「言っちゃあ何だけど」と、「嫌かもしれないけど、あえて言わせてもらうよ」という前置きのフレーズになります。
わざと厳しく言うことで、相手の出方を伺う意味合いに。これぞ、「技アリ」の交渉フレーズですね。

OK.5 I <u>have to</u> say, this is too high.

言いにくいんだけど、これじゃあ高すぎます。

I have to say... で「本当は言いたくないけど、言わなければいけません」、つまり「言いづらいけど、思っていることを言うよ」ということ。
相手を傷つけないようにしながらも、きちんと言うべきことは言うフレーズです。こんな強気な姿勢を見せれば、相手から見くびられることもないでしょう。

誘われて「興味がない」と断るには

取引先からゴルフコンペに誘われました。しかし、ゴルフにはまったく興味がありません。参加できない旨をうまく伝えるには、どう言えばいいでしょう？

DANGER I'm not interested.

こう伝わる! 全く興味ありません。

I'm not interested. は「興味はゼロだ」という、けんもほろろな答えです。

こんな返事をしたら、誘った取引先からは「あんなヤツとはもう二度とつき合わない！」と言われ、最悪の場合、取引停止なんてことに…。

きっぱり断るのも、時と場合によりけりです。あまりにもハッキリ断ると、場合によっては相手の気分を害することに。たとえ趣味の話とはいえ、ビジネス上の付き合いなら、このフレーズは口にしない方が無難でしょう。

- **I'm not really interested.**
  （すごく興味があるとは言えない）

と少しアレンジして使えば、OKです。

でもせっかくですから、5つのキラー・ワードを使って、もっとうまい言い方を考えてみましょう。

OK.1 <u>Oh</u>, I'm not really interested.
ああ、あんまり興味がないんですよ。

ohを残念そうに言えば、「こんなことを言って申し訳ないけど…」という気持ちが伝わります。
後にI'm sorry.（すいません）と言えば、フォローにもなりバッチリ！　これが一番簡単な断り方でしょう。

OK.2 <u>I appreciate</u> the offer, but I'm not really interested.
お誘いはうれしいのですが、あまり興味がないんです。

大人の付き合いですから、まずはI appreciate the offer（お誘いはうれしいのですが）とお礼を言いましょう。そうすればたとえ断りの返事でも、相手は嫌な気持ちになりません。
1つ前のOh...のフレーズでもいいですが、ビジネスパーソンたるもの、できればこれくらいは言いたいものですね。

OK.3 Maybe we <u>could</u> do something else?
何か他のことはできないかな？

相手の提案を直接断らず、違う案を出すことで遠回しに断るフレーズです。相手の企画とは違う提案をすることで、「それが無理なら行けないな」と婉曲的に断ります。

・**Maybe we could do it this way?**
（こんな風にできるかな？）

なども同じで、別のアイデアを示すことで、あくまで「乗り気に」見せることができます。前向きに話を進める言い方なので、相手にも好印象を与えるでしょう。

OK.4 Would you <u>mind</u> if we did something else?
何か他のことをやるのはどう？

取引先のお誘いは、断りづらいもの。「興味ない」とはなかなか言えません。1つ前のMaybe...のフレーズと同じく、相手の招待とは異なる提案をして、遠回しに断る方法です。Would you mind if we...?（…してみるのはどうですか？）はとても控えめな言い方なので、自分の考えを提案するには最適。企画会議の提案にも使えるフレーズです。

OK.5 I <u>have to</u> tell you that I'm not really interested.
言うのも何ですが、あまり興味ないんです。

正直に「自分は興味ない」と伝えるなら、こんな言い方もできます。ちょっと間を置いてから言うと、「よく考えたんですが…」というニュアンスも伝わります。

「自分から言いたくはないが、正直に言うと…」という気持ちがわかるので、印象は悪くなりません。

Column 4

possibly で表せる「何とか」「できれば」

possiblyは「ひょっとしたら」という意味の副詞ですが、can (could) と一緒に使うと「何とか」「できる限り」と、真剣にお願いしているように聞こえます。possiblyの有無による、ニュアンスの違いを比較してみましょう。

✦ **Could you make reservations for me?**
（予約をお願いします）
✦ **Could you possibly make reservations for me?**
（何とか予約をお願いできないでしょうか？）

possiblyを入れることで、切実なお願いになります。

✦ **I couldn't do that.**（そのようなことは無理です）
✦ **I couldn't possibly do that.**
（できればそうしたいのですが、どうしても無理です）

「無理だ」ということを、強調する言い方になります。

このように、1語で文のニュアンスを変える「使い勝手のいい言葉」は、単語で覚えるより、フレーズごと覚えるといいでしょう。

Part 4
「相手をやる気にさせる」最強の英語

✧ 人を嫌な気持ちにさせない「ものの聞き方」や「意思の伝え方」をマスターしたら、次はぜひあなたが人を「やる気」にさせてください。
部下のやる気を引き出せるかどうかは、あなたの言い方ひとつにかかっています。そう考えると、責任も重大です。
「よくやった」「やってみたら?」「君ならできる」といった日常的な声掛けを、キラー・ワードを使ってモチベーションの上がる言い方にしましょう。

「よくやった」と部下をほめる

部下の対応が、クライアントに喜ばれました。収益増のため、彼には今後も頑張ってもらいたいところ。モチベーションを上げる、ねぎらいの言葉をかけるには？

DANGER **Good job.**

こう伝わる! ま、よかったね。

Good job. は、ネイティブにとってあまりにも日常的な言葉。口癖になっている人さえいるので、このシチュエーションでは「ま、よかったね」程度のほめ言葉にしか聞こえないおそれがあります。

きちんと部下をねぎらうなら、相手の目を見て、

・I have to say, good job.
（本当によくやった）

と言えば、うまく気持ちが伝わります。

これは「君の仕事があまりに見事で、ほめるしかない」という意味合いで、非常に誠意のある言葉です。

サッカーなでしこジャパンの佐々木則夫監督は、ほめ上手で知られています。時に優しく、時に厳しく、うまく飴とムチを使い分けることで、選手のモチベーションを上げているとか。

Good job. も使い方次第で、部下のモチベーションを上げるフレーズになります。キラー・ワードを使って、さまざ

まな状況で使える、ねぎらいの言葉を言いましょう。

✨ OK.1 <u>Oh, good job.</u>
へぇ、やるね。

評判のいい仕事ぶりを聞きOh, good job.と言えば、日本語の「へぇ」のような、思わず反応した感じになります。驚いた顔をして言えば、「すごいな、よくやったな」というニュアンスにも。

たったひと言でも、ストレートな反応を伝えられるのが、ohのいいところ。まずはこのフレーズから始めましょう。

✨ OK.2 <u>I appreciate your hard work.</u>
君が一生懸命やっていてうれしいよ。

ネイティブにとってI appreciate...(…を評価する)は、軽く口にするのではなく、よく考えた上で使う言葉。そのため社交辞令的なニュアンスはあまりなく、相手にもきちんと感謝の気持ちが伝わります。上司から部下に声をかけるなら、

・I appreciate your hard work on the ABC project.
(ABCプロジェクトで君が一生懸命やってるのは、わかってるよ)

などと言うといいでしょう。言われた側も「頑張ろう」という気になります。

079

OK.3 You should be proud of yourself.
よくやった。

I'm proud of you.（君を誇りに思うよ）の変形がこれ。直訳は「自分を誇りに思うべきだ」、転じて「よくやりました」という意味になります。

「人の力を借りずに自分でやったのは自慢していい」という意味合いのため、目下の人に使うといいでしょう。

OK.4 I don't mind saying, you did a good job.
よくやったとほめさせてもらうよ。

I don't mind saying...で、「よくやった」をさらに強調した言い方に。「人をほめるのは嫌いですが、あなたをほめるのは嫌でない」という発想が元になります。上から目線の言い方ですが、部下の力量を認めたと公言するようなもの。こう言われたら、素直に喜びましょう。

OK.5 I have to say, you did a good job.
よくやったと言わなくちゃね。

上の例文に近い意味合いで、「よくやった」を強調するために「ほめざるを得ない」と表現しています。

人前でこのフレーズを使ってほめれば、部下のモチベーションはさらにアップするでしょう。

Part4「相手をやる気にさせる」最強の英語

「やってみたら？」とやる気にさせる

外出先でPDF確認もできるため、同僚にもぜひスマートフォンを使ってもらいたいところ。「やってみたら？」とうまくすすめるには？

DANGER Why don't you try?
こう伝わる！ なぜやらないの？

ついつい Why don't you...?（なぜ…しないの？）と言ってしまいがちですが、これは相手をなじっているようにも聞こえるフレーズ。言い方によっては失礼に当たります。Why don't you...? は、

- **Why don't you join us for lunch?**
  （お昼を一緒に食べない？）

など、誘い文句として使えば気持ちのいい「勧誘フレーズ」になります。またブレインストーミングなら、

- **Why don't you/we change the title?**
  （タイトルを変えたらどう？）

と「提案フレーズ」として使えます。

しかし、アドバイスする場合は気をつけた方がいいでしょう。たとえば Why don't you try? は、「なぜやらないの？」と相手を批判するフレーズ。誘い文句でも提案でもなく、相手を糾弾する言い方になります。

人に挑戦を促すなら、

- **Give it a try.**（やってみたら）

がおススメ。命令文ですが、目上の人にも失礼と思われず、相手に行動を促す言い方になります。

- **You can do it.**（君ならできるよ）
- **Give it a try. It won't hurt.**
（やってみな。大丈夫だよ）

などもいいでしょう。ではキラー・ワードを使って、うまく相手がやる気になる言い方をしてみましょう。

👍 OK.1 Oh, just try.
まぁ、やってごらん。

ohを「まぁまぁ…」と訳すことがありますが、それは「問題など気にせずに」「そう焦らずに」というニュアンスです。意訳すれば、「問題など気にせずにやってごらん」となり、言われた側もプレッシャーにはなりません。ohに感情を込めて言うのがポイントです。

👍 OK.2 I appreciate that it's difficult, but just try.
難しいのはわかっているけど、ちょっとやってみたら。

あれこれと理由をつけて行動に移そうとしない場合、このように声掛けするといいでしょう。
この場合のI appreciate that...は「…はわかっている」で、

相手を尊重した言い方になります。そのため、just tryという軽いフレーズを続けると、理解ある先輩が「やってみなよ」とポジティブな意味合いで声を掛けているように聞こえます。躊躇している後輩の肩を押すなら、こんなフレーズがおススメです。

👍 OK.3 Maybe you should just try.
ちょっとやってみたら。

「うまくいかないかもしれないけれど、いろいろ悩むよりもやってみれば？」と言いたい場合、このように提案するといいでしょう。

「諦めずに」のニュアンスもあるので、ビジネスのさまざまなシーンで使えます。前向きな言い方なので、相手にもプレッシャーになりません。

👍 OK.4 No one would mind if you fail.
失敗してもいいじゃない。

直訳は「失敗しても誰も気にしない」ですが、転じて「失敗してもいいじゃない（だからやってごらん）」となります。mindは「嫌な気持ちになる」ですが、No one would mind.とすれば「誰も気にしない」→「失敗しても害はない」「失敗しても大丈夫だ」となります。

こんなひとことが言えたら、部下からも尊敬される上司になれそうです。

OK.5 I have to say, I think you should just try.
ちょっとやってみるべきだよ。

I have to say, I think...には、「この状況をよく考えると…」というニュアンスがあります。たとえば相手の悩みを聞いて、少し時間がたってから「いろいろ聞いて…と思うようになりました」というイメージです。

このフレーズも、すぐに言うのではなく、相手の話をいろいろと聞いてから言うといいでしょう。勇気づける言葉ですから、言われた側もうれしくなります。

Part4 「相手をやる気にさせる」最強の英語

「君ならできる」と勇気づける

営業部に異動になった同僚が、自信なさげに落ち込んでいます。「君ならできる！」とうまく励ますには？

DANGER **You can do it.**

こう伝わる！ 簡単だから、お前でもできるよ。

すでにお馴染みのこのフレーズ、実は気をつけないと、「簡単だから、お前でもできるよ」なんて、ちょっと人をバカにした言い方に聞こえます！
CMのおかげか、You can do it.は「大丈夫、君ならできる！」でお馴染みですが、簡単にサラッと言うと「誰だってできるんだから、お前だってできるよ」というネガティブな意味合いに誤解されます。
そう思われないためには、Youを強調しましょう。そうすれば「あなたならできる」と、伝わります。また、

・I know you can do it.
（君ならできると確信している）

だと、相手にはさらにプレッシャーがかかります。これではやる気はおろか、かえって萎縮してしまうかも。
職場ですから、できればもっとモチベーションの上がる言い方をしたいもの。キラー・ワードを使って、そんな声かけをしてみましょう。

085

👍 OK.1 Oh, you can do it.
あぁ、君ならできるよ。

「あなたのことを信じているから、そんなことはわかっている」という、信頼関係あってこそのフレーズです。
この場合のohは、Oh, I'm sure...（あぁ、あなたなら大丈夫）と同じニュアンス。「オーゥ」と少し大げさに言えば、相手への信頼感がよりうまく伝わります。

👍 OK.2 I appreciate how difficult it is, but I know you can do it.
大変なことだとはわかっていますが、君ならできると確信しています。

あえて「大変な仕事」と言うことで、「それをできるあなたはすごい人だ！」とホメ殺しするフレーズです。
こう言われて嫌な気分になる人はいないはず。相手をおだてて、やる気にさせる「飴とムチ」的な言い方です。

👍 OK.3 I guess we should ask someone else to do it.
誰か他の人に頼むしかないか。

ちょっと辛口なキラー・フレーズ。弱気になっている人に、わざと気に障ること（ここでは他の人に頼むということ）を言い、相手のやる気を引き出す言い方です。

Part4「相手をやる気にさせる」最強の英語

少し意地悪に聞こえるフレーズですから、相手があまりに弱気だと逆効果かも？ 状況を見て使いましょう。

👍 OK.4 If you don't <u>mind</u>, could you try a little harder?
よかったら、もう少し頑張ってみないか？

「君がもう少し頑張ってくれたら、自分としても助かるんだけど」という意味合いになります。
同僚や部下など、親しい人には有効です。後にI would really appreciate it.（本当に助かるんだけどな）と付け加えると、「さらに念押し」する感じに。

👍 OK.5 I <u>have to</u> tell you, I know you can do it.
君ならできるのは間違いないってわかってる。

かなり評価していると相手に伝えるなら、これ。うれしい反面、プレッシャーのかかるフレーズです。
「君なら間違いない」と強調することで、「じゃあ、やってみるか」というモチベーションを引き出します。
サッカー日本代表のザッケローニ監督は、マンUに移籍した香川選手に「3年後にマンUで活躍していたら、その時に祝福しよう」と言ったそうですが、これはまさにそんな「苦言を呈してやる気を促す」表現。部下の飛躍を願い、時にはあえて厳しい言葉もかけましょう。

おまけのフレーズ

👍 OK **I think I know how you feel, but I know you can do it.**

君の気持ちはわかるよ、でも君ならできるとわかってる。

同情を示しながら相手を高く評価し、やる気を促す言い方。ちょっと気弱になっている相手にうってつけです。

『あしたのジョー』の丹下段平は、時に自暴自棄となったジョーをこんなフレーズで励ましたのかもしれませんね。

おまけのフレーズ

👍 OK **Maybe you should try a little harder.**

もう少し努力した方がいいんじゃないかな。

少し辛口のアドバイスです。You should try a little harder. だけだと「もっと頑張らないとダメだ」ですが、Maybe... を加えれば、相手を思いやる言い方になります。上司から部下に、親から子に使えるフレーズです。

Part4 「相手をやる気にさせる」最強の英語

「もっと一生懸命やって」とさり気なく言う

どう考えても終わる仕事が、まだ終わらない。「もっと一生懸命に」と言いたいのは山々ですが、そんなことを言ったら反感を買うだけ。こんな時、どう言えばいい？

DANGER **Work harder.**
こう伝わる！ もっと一生懸命やってよ。

こんなことを言ったら、相手は怒るだけ。Work harder.は「怠け者だ」に近いフレーズですから、これは避けるべき言葉です。

・Let's work hard.（一生懸命やろう）

なら「みんなで一緒に（自分も含め）頑張ろう！」という意味合いになります。しかし、

・We need to work harder.
（もっと一生懸命にやらないと）

なら、「もっと一生懸命にやらないといけない」という使命感も表現できます。では、さらにやる気を出すには、どう言えばいいでしょうか。

> **OK.1** **Maybe you <u>should</u> try harder.**
> もっと頑張るべきだったね。

アドバイスを求めて来た部下に言うなら、これがベストで

す。でも一方的に言ってしまうと、「もうちょっと頑張らないと」に近い、きつい言い方になります。

「くじけない」部下には効果的ですが、「へたれ」な部下には厳しい言葉。このフレーズを使うかどうかは、相手によって判断したほうがいいでしょう。

OK.2 Oh, you know, we need to work harder.
まぁ、もう少し頑張ればよかったね。

Oh, you know... は日常会話でよく言い、話題を変える場合に使います。どちらかと言えば、良い話で使うことが多いでしょう。

そのため、「もう少し頑張ればよかった」と言っても批判的にはならず、相手も素直にうなずけます。

「Oh, you know... ＋本音」で厳しい意見を言うのは、ひとつのテクニックです。ぜひ使ってみてください。

OK.3 I appreciate all your hard work, but we need to work harder.
頑張ったのはわかるけど、もっと一生懸命やるべきだったね。

まずは相手を評価し、それから厳しい意見を言う「飴とムチ」作戦です。後に ...to finish on time.（時間通りに終わらせるよう）や ...to meet the deadline.（締切に間に合う

Part4「相手をやる気にさせる」最強の英語

よう）と続ければ、さまざまな業種で使えます。
言う側ならいいのですが、言われる側にしてみれば、耳の痛いフレーズ。反面教師で、こう言われないよう気をつけたいものです。

👍 OK.4 If you don't <u>mind</u>, could you tell me what the problem is?
よかったら、何が問題か教えて。

一歩踏み込んで、仕事がうまくいかない理由をたずねる言い方です。何か理由があって仕事が進まないなら、work harderなどという言葉は聞きたくないはず。
If you don't mind, could you tell me...? には、「言いづらいでしょうが…」という含みがあります。優しく相手の相談に乗り、やる気を引き出しましょう。

👍 OK.5 I <u>have to</u> say, we need to work harder.
もっと頑張らないといけないね。

「本当はこんなことを言いたくないんだけど、もっと頑張らないといけない」というニュアンスのフレーズです。
主語の違いに注目しましょう。最初はI have to...なのに、途中からwe need to...となっています。「言うのは私だけど、私も含めみんなで頑張らないとね」ということ。嫌味にならず、さわやかな印象を残せます。

「残念だったね」と慰める

上半期の売上が予想を大幅に下回りました。残念な結果になったことを、チームのメンバーと話し合わなくてはいけません。どう声をかければいいでしょうか？

DANGER You failed.

こう伝わる! しくじったね。

仕事での失敗は、その事実を認め反省することから、次へのステップアップが始まります。まずは正直に、その事実を認めましょう。

とは言っても、You failed.（しくじったね）では厳しすぎます。しかし、You're a failure.（負け犬だな）では、さらにダメ出しする感じに…。

代わりに使うなら、

・Things didn't work out.（うまくいかなかったね）

これは「物事が考えていたようにうまくはいかなかった」という意味合い。事実をただ述べているだけですので、相手を責めているようには聞こえません。

この言い回しを元に、キラー・ワードを使って、よりモチベーションの上がる言い方をしてみましょう。

OK.1 Oh, ...I'm sorry that things didn't work out.

あぁ、…うまくいかなくって残念だね。

Oh,...と言うことで、相手に共感していることを示します。サラッと軽く言ったように聞こえるので、相手も失敗したことをそれほど意識せずにすみます。

元のフレーズにOh,...I'm sorry thatを付けるだけで簡単に言えるので、プライベートでもぜひ使ってみてください。

OK.2 I appreciate your hard work, but things didn't work out.

一生懸命やってくれたけど、うまくいかなかったね。

まずはI appreciate your hard workと言って、相手の労をねぎらいましょう。そうすることで、相手も「この人は私の仕事の大変さをわかってくれたんだ」と思い、失敗した理由や反省などを打ち明けやすくなります。

部下を勇気づけるのに、I appreciate your hard workは非常に有効なフレーズです。

モチベーションを高めるための決まり文句として、覚えておきましょう。

OK.3 Things didn't work out, but I guess we should appreciate your hard work.
うまくいきませんでしたが、あなたが頑張ったのはわかっています。

「うまくいかなかった」というネガティブなことを言うなら、同時に相手の頑張りも評価してあげましょう。
I guess we should appreciate...で「評価すべきだと思う」となり、人の仕事の大変さに理解を示すフレーズになります。
部下に対する言葉かけでは、「相手を評価する気持ち」をきちんと表現するよう心がけましょう。

OK.4 Would you mind if I tell you that things didn't work out.
こう言うのも何だけど、うまくいかなかったね。

少し苦言を呈してから奮起を促すなら、こんな言い方もいいでしょう。遠回しに失敗した事実を告げ、相手を「でも次からは頑張ろう」という気にさせます。
残念そうな顔をして言えば、本気で心配しているのだということが伝わります。しかし、言い方によっては嫌味にもなるので、相手の心理状況を考慮してから言うといいでしょう。

Part4「相手をやる気にさせる」最強の英語

OK.5 I <u>have to</u> tell you that things didn't work out.

言いづらいことですが、うまくいかなかったようですね。

1つ前のWould you mind if... のフレーズと同じように、厳しいことをあえて口にして、相手のやる気を促す言い方です。Would you mind if... より、こちらのほうがさらにキツい言葉になります。

あまり失敗を気にしていないようであれば、このように釘を刺すのも手。部下を活かすも殺すも、上司の言葉次第です。最適なキラー・ワードを選んで、状況に応じたフレーズを言いましょう。

「もうちょっとかな」と励ます

「プレゼンどうだった？」と感想を聞かれ、正直に「よくない」とは言えません。やる気をなくさないよう、励ましつつ「あまりよくない」と伝えるには、どう言えばいい？

DANGER It's not any good.
こう伝わる! 全然よくない。

このフレーズを「あまりよくない」だと思っている人がいますが、意味的には「全然よくない」です。こんなことを言ったら、相手はやる気ゼロどころか、怒り心頭でしょう。かわりに、

- It's not quite good enough.（もうちょっとかな）

がおススメ。

- It's not good enough.（まぁまぁかな）

でもいいのですが、It's not quite good enough.なら、「もう少しのところ」「あとちょっと」という意味になり、It's not good enough.より前向きです。

鈍感な人や友人には、あえてIt's not any good.（全然よくない）やIt's terrible.（ひどいねぇ）などと本音を言ってもいいでしょうが、普通は避けるものです。

うまくやる気を引き出す言い方をすれば、同僚1人の成績が上がるだけでなく、ひいては会社全体の利益になります。あなたならどんなひとことを言いますか？

Part4「相手をやる気にさせる」最強の英語

👍 OK.1 It <u>has to</u> be perfect, so...
完璧にすべきだったね、だから…。

遠回しな「辛口」意見です。理解力のある人なら、こう言われただけで「今日のプレゼンではダメ」とわかるはず。so...のあとの余韻がミソです。「もっと頑張らないとダメだよ」という内容の言葉が省略されています。
これで気づく人なら、見込みアリです。さらにステップアップできるでしょう。

👍 OK.2 <u>Oh,...</u>it's not quite good enough.
うーん…まぁまぁかな。

今ひとつの出来映えなら、Oh,...の後にit's not quite good enoughと言えば、「うーん…まぁまぁかな」という「残念な」意味合いになります。
日本語の「うーん…」と同じく、煮え切らない口調で言えば、より雰囲気が出せるでしょう。

👍 OK.3 I <u>appreciate</u> your hard work, but it's not quite good enough.
一生懸命やったのはわかるけど、ちょっと足りないところがあるね。

相手の努力を評価しつつ、きっちり注文はつける言い方です。やる気のある人なら、発奮するでしょう。

落合元監督の「オレ流」風に、こんなフレーズで部下自身の奮起を促すのも手でしょう。

OK.4 Maybe you should spend a little more time on it.
もう少し時間をかけてもよかったね。

少し遠回しな言い方です。「もう少し時間をかけてもよかった」とは、言い換えれば「もっと時間をかけて良い内容にするべきだった」ということ。
慰めているのではなく、アドバイスしているのだと気づく部下なら、見込みがあります。
より具体的な意見を求めてきたら、どこが悪かったのかを詳細に教えてあげるといいでしょう。

OK.5 If you don't mind, could you spend a little more time on it?
あえて言えば、もう少し時間をかけられたらね。

「本当はこんなことを言いたくないんだけど、本音を言えば…」というフレーズです。とはいえ、そんなに重々しくは聞こえないので、「あえて苦言を呈すれば」といった柔らかい感じ。
could you...? はくだけた言い方なので、「ちょっとしたアドバイス」程度に聞こえるはず。部下にプレッシャーをかけたくないなら、こんなフレーズもおススメです。

Part4 「相手をやる気にさせる」最強の英語

「もっとうまくできるはず」と挑戦を促す

交渉がうまくいかず、せっかくの商談がパーになりそうです。でも、改善の余地はまだあるはず。担当している部下にハッパをかけるには、どう言えばいい？

DANGER **You can do better than this.**

こう伝わる! これよりもっとうまくできるはずだ。

面と向かって「もっとうまくできるはず」なんて言われたら、モチベーションもへったくれもありません。
今は亡きアップル社のスティーブ・ジョブズは、部下に徹底的にダメ出しを繰り返したそうですが、今の世の中、なかなかそれに応えられる人はいません。
スタッフのやる気を出すには、「アゲアゲ」な気分にさせるのが一番！ ポジティブな働きかけは信頼につながり、信頼は「良い仕事をしたい」という意欲を引き出します。

・We can do better than this.
　我々ならもっとうまくできるはずだよ

上のDANGERの例文も、You can... を We can... とするだけで「あなただけのことではなく、私たち全員が…」というニュアンスを出せるので、柔らかな表現になります。
どのような声掛けをすれば、スタッフがうまく動くようになるでしょうか？

OK.1 Oh, we can do better than this.
ああ、もっとうまくできるよ。

軽く言うのがポイントです。相手にプレッシャーをかけるのではなく、簡単そうに言うことで「大丈夫だよ」と安心させます。

OK.2 I appreciate that you're trying, but we can do better.
頑張っているのはわかるが、もっとうまくできるはずだ（改善する余地はある）。

この場合のappreciateは「知っている」。まずは努力を認めておだて、それからキツいひとことを言うなら、こんなフレーズがいいでしょう。

日本人はピンチをチャンスに変える「改善」が得意ですから、こんなフレーズが合っているのかもしれません。

OK.3 I guess we should do better than this.
もっとうまくやるべきだったろうね。

I guess we should... で過去にやったことに対して、「…すべきだったね」という反省を表します。

プレッシャーのかかる言い方ではないので、これなら相手も素直に「そうだね」と言えるはず。「次こそはうまくやろう」という含みがあるので、前向きに聞こえます。

「ほめられて伸びる」タイプの人には、

・Maybe we could do better than this.
　君ならもっとうまくできるよ

がおススメ。「持ち上げて」やる気にさせます。

👍 OK.4 Would you mind trying a little harder?
もう少し頑張ってみてもらえるかな。

少し遠慮した感じの言い方ですが、あなたのイライラは相手に伝わります。本音を抑えているのがわかる、奥歯に物が挟まったような言い方です。
Would you try a little harder for me? だと「私のことを考えて(私の立場を考えて)、なんとかもう少しがんばってくれないか」という言い方になります。

👍 OK.5 I have to ask you try a little harder.
もっと頑張ってもらわないといけないね。

嫌味のひとつでも言わないと…と、あえて苦言を呈しているようなフレーズ。「君が私にこんなことを言わせているんだ」と相手を責めているようにも聞こえます。
何度言ってもわかってもらえないような時、ダメ出しで言うなら、これもアリでしょう。

Column 5

人を慰めるためのキラー・フレーズ

✦ **I wish I had some good news, but things didn't work out.** (良い知らせがあればいいんだけど、うまくいかなかったようだね)

日本人は戸惑うかもしれませんが、このように I wish I had some good news... と良いことを言ってから、but... で悪いことを伝えるのはネイティブの常套手段。決まり文句的な言い方です。
悪い知らせを伝える時は、後に希望を与えるひとことを付けましょう。それだけでも、相手の気持ちはずいぶんと救われるはず。他にも次のようなフレーズがあるので、臨機応変に使ってみてください。

✦ **There'll be other chances.**
（またチャンスはあるよ）
✦ **I think you should try again.**
（もう一度やってみたら）
✦ **You were really close.**
（あとちょっとだったね）
✦ **Why don't you try again?**
（もう一度やってみなよ）

Part 5
「うまく断る」技ありの一言

✧ 人からの申し出を断るのは、難しいもの。特に仕事がらみのことで断るとなると、取引やつきあいも関係して面倒です。
相手の好意を尊重しつつ、失礼のないようにお断りするには、どのような言い方をすればいいでしょうか？
5つのキラー・ワードを使って、状況別に対応してみましょう。

申し出を「結構です」と断る

出張で海外支店に行ったところ、帰国の際、支店長自らが空港まで送るとのこと。それではあまりに申し訳ないので「結構です」と断るには、どう言えばいいでしょう？

DANGER **No, thank you.**

こう伝わる! 結構。

微笑みながらNo, thank you.と答えれば「結構ですよ（大丈夫です）」という意味合いに聞こえ問題ないでしょうが、クールにNo, thank you.と言うと、「結構！」と相手を突っぱねる言い方になります。

また、真顔でNo, thank you.と答えても、相手は「自分が言ったことで何か気を悪くした？」と心配するかもしれません。こんな時は、

- No, but thank you.（結構ですが、ありがとう）
- Thank you, but it's okay.
  （ありがとう、でも大丈夫）

ならとても丁寧で、なおかつ少し遊び心のある軽い断り方になります。

- Thanks, but no thanks!
  （ありがとう、でも大丈夫！）

と微笑んで言えば、相手はとても気持ちがいいでしょう。
では、ビジネスではどんな言い方がいいでしょうか？

Part5「うまく断る」技ありの一言

👍 OK.1 <u>Oh</u>, no, but thank you.
あ、それは大丈夫です。ありがとうございます。

シンプルながらも礼儀正しい、間違いのない答え方です。「そこまで迷惑はかけられない」というニュアンスも出せるため、上下関係を考えずに使えます。

- I couldn't ask you to do that.

(そんなことまでお願いできませんよ)

と加えてもいいでしょう。

👍 OK.2 I <u>appreciate</u> that, but no thank you.
お気持ちはありがたいですが、結構です。

目上の人からの申し出を断るなら、I appreciate that...のような言い回しがいいでしょう。確実に、失礼のない言い方になります。

- I appreciate the offer, but no thank you.

(お気持ちはありがたいですが、結構です)

でも同じ意味に。いずれも比較的大きな申し出に対して使うといいでしょう。

👍 OK.3 I guess I <u>should</u> say no thank you.
遠慮するべきでしょう。

「恐縮している」ということを、前面に出した言い方です。目上の人に「とんでもない」と伝えるなら、こんなフレー

ズも使えます。
ただしこの場合、相手は「気にしないで」とさらに誘って来る可能性もありますから、覚悟しておきましょう。

OK.4 If you <u>don't mind</u>, I should say no thank you.
すみませんが、遠慮します。

If you don't mindは「…は嫌かもしれないけれど」、つまり「こんなことを言っては申し訳ありませんが」と相手の申し出をお断りするフレーズになります。
目上にも目下にも好感の持たれる言い方です。ぜひ活用してください。

OK.5 I'll <u>have to</u> say no thank you.
遠慮させていただきます。

遠慮はするものの、きっぱりと断るならhave toを使うといいでしょう。「あまりにも迷惑でしょうから、断らないといけない」というニュアンスを含みます。
I have to say no thank you. でもOKですが、多くのネイティブはI'll...の方を自然と感じるでしょう。

- **I'll have to say no thank you this time.**
（今回は遠慮させていただきます）

とすれば、さらにソフトに聞こえます。

Part5「うまく断る」技ありの一言

「ダメです」とNoの返事をする

「ちょっとお金を貸してもらえない？」と同僚に頼まれました。前に貸したお金も、まだ返してもらっていません。どう答えれば、うまく断れるでしょうか？

DANGER No.
こう伝わる！ 絶対にダメ。

同僚にCould you give me a loan for a new smart-phone?（新しいスマホを買うから、お金を貸してもらえない？）と聞かれて、No.と答えました。ただ単に「無理だね」と答えたつもりですが、相手には「絶対にダメ！」と拒絶したように聞こえてしまいます。

そんなこともあってか、ネイティブは無用な反感を避けるためにも、そう簡単にNo.とは言いません。人からのお願いを「断る」のは、頼むことの数十倍、難しいこと。

そんな時こそ、キラー・ワードの出番です！

OK.1 Oh..., no... I can't.
うーん、それは無理ですね。

短いフレーズは、言い方でニュアンスが変わります。Oh, no.を短く言うと「困った！」という意味になりますが、Oh..., no...のように1語ずつゆっくり言えば「あ〜それは

できません」という「残念さ」が伝わります。

また、Oh, no.の後にI can't.やI just can't.を続ければ、よりハッキリと気持ちを伝えられます。

さらに念押しするなら、

- **I wish I could, but I can't.**
  （そうしたいんだけどダメなんだ）

と言えば、これ以上相手もしつこくしないでしょう。

👍 OK.2 I <u>have to</u> say no.
Noと言わざるを得ないんだよ。

I want to say yes, but...（本当はyesと言いたいのですが、やっぱり…）と同じニュアンスになります。I'm sorry but...（申し訳ないのですが）で言い始めてもOKです。

相手にNo.の理由をしつこく聞かれたら、

- **I just can't.（どうしても無理なんだ）**
- **Sorry, not this time.（今回はごめんなさい）**

などの答え方も、効果的です。ちなみに（not）this time（今回は[ダメ]）は、たとえ「次回の可能性」がないとわかっている時でも、使って構いません。あくまでも「物は言いよう」なのは英語でも同じです。

👍 OK.3 I <u>should</u> say yes, but...
「はい」と言うべきなんだけど（ダメです）。

I should...のニュアンスを覚えましょう。I should...は独り

言のような言い方で、「自分がやらなくてはいけないのがわかっているものの、やめる方向に傾いている場合」によく使います。「…すべきなんだけど」と訳すといいでしょう。

・I should say, but...
 (そうしたいんだけど［ちょっとダメです］)

I should...butであれば、まず間違いなく結論は「No」です。あわせて言い訳に使えるフレーズとして、

・I should say yes, but I don't have enough time.
 (「はい」と言うべきなんだけど、時間がないんだ)
・I should say yes, but I'm not interested.
 (「はい」と言うべきなんだけど、興味ないんだ)

などの言い方も、覚えておきましょう。

👍 OK.4 I appreciate how important this is, but the answer is no.
どれだけ重要かはわかっているけど、それでも答えはNoだ。

「どうしてもお願い！」と相手が食い下がるのを見越して、先手を打って自分から言う作戦です。「どうしてもお金が必要なのはわかるけど」と理解だけは示すものの、but... と続けて「それでもダメだ」ときっぱり断ります。

...but the answer is no.の代わりに、...but I can't.とすれば、「努力はしたけど、やっぱりできません」というニュアンスを出せます。

OK.5 If you <u>don't mind</u>, I'd like to say no this time.

申し訳ないけど、今回はダメなんだ。

If you don't mind...は、相手の意に反することを言うのに最適です。人に何かを断るのは、気が重いもの。でもこのフレーズを使えば、相手への敬意を表しつつ、お断りすることができます。

I'd like to...（…させていただきます）は、I have to say...に比べてよりソフトな響きがあるため、大切な顧客や目上の人への依頼にも使えるキラー・フレーズです。

おまけのフレーズ

OK I wish I could say yes.

イエスと言いたい気持ちはやまやまだけど…。

I wish I could...（…できればいいのですが［でも実際はできません］）の仮定法を使うことで、申し訳ない気持ちが率直に伝わります。残念そうな口調で言えば、相手も「いや、いいんですよ」と言ってくれるでしょう。この後に、

- ...maybe next time.（今度こそ）
- ...maybe someday（いつか）

のひとことを付け加えれば、「次こそは」という誠意が表せます。また、

- I'm really sorry.（本当にすいません）

と言えば、「申し訳ない」思いを十分に伝えられます。

おまけのフレーズ

👍 OK　Perhaps I could say no this time.

今回はお断りさせていただければ幸いです。

Perhaps I could... で、「…したいのですが」となります。このフレーズは、and that would be okay.（…でいいですね）が省略された決まり文句。断る理由を特に言わなくてもいいので、常套句として便利です。

おまけのフレーズ

👍 OK　It's hard for me to say this, but I really can't.

言いにくいんだけど、本当にダメなんだ。

It's hard for me to say this...（こんなことを言うのは難しいことだが→言いにくいことだけど）で、相手の気持ちを考えて誠実に返事をしていることが伝わります。「やむにやまれず」の雰囲気が出るため、クライアントや目上の人にも好印象を与えるでしょう。

ネイティブ風に「謝る」

ネイティブは、そうやすやすと謝罪を口にしません。誤解のないよう、必要に応じて謝るのがネイティブ流。
どう言えば、ネイティブ風の謝り方になるでしょうか？

DANGER ▶ I'm sorry.
こう伝わる！ ゴメン。

I'm sorry. は、とても使い勝手のいいフレーズです。イントネーションや表情によって、軽い「ゴメン」から「本当に申し訳ない」まで、幅の広い謝罪を表現できます。
とはいえ、I'm sorry. だけでは軽く謝ったようにも聞こえ、誤解されることもあります。より丁寧に謝るなら、

・I'm really sorry.（本当にすみません）

とreallyを付ければOK。
しかし謝罪には、やはり何と言っても「真摯な姿勢」こそが大切です。何でもいいから謝ってしまえ、では逆効果になる場合もあります。
キラー・ワードを使って、さまざまなニュアンスのネイティブ流の謝り方をマスターしましょう。

OK.1 Oh, I'm sorry.
あ、ごめん。

意識的に言ったというより、思わず口をついて出たような謝罪です。その分、社交辞令ではない、誠意のある言葉に聞こえます。「足を踏んでしまった」「コーヒーをこぼしてしまった」という、ちょっとした謝罪に最適です。
oh... のように余韻を残せば、「本当にすいません！」という気持ちが表わせます。

・Oh, I'm sorry. I really am.
（本当にごめんなさい。本当に）
も決まり文句としてよく使われます。

OK.2 I appreciate everything you've done, but I'm really sorry.
いろいろとお世話になっているのに、本当にすいません。

I appreciate と I'm sorry を1つの文にすると、非常に印象のいいフレーズになります。常日頃お世話になっている人からの申し出を断るなら、この言い回しが最適。
「お世話になっている」「いろいろと」という、いかにも日本語的な表現は、このような英語にするといいでしょう。

OK.3 I guess I should say I'm sorry.
謝るしかありませんね。

ニュアンスとしては、「ここで謝るのは避けられないですね」という感じ。もちろんこれだけでも十分、謝罪となり

ます。でもその後に、
- I really am.（本当にごめんなさい）

と付ければ、より深い謝罪を表すことができます。

OK.4 If you don't <u>mind</u>, I'd like to apologize.
よかったら謝りたいんですが。

If you don't mind... には、「嫌かもしれないが」「怒っても仕方ないが」といった響きがあります。
最初から下手に出た言い方なので、こう言われたら相手も怒れなくなります。処世術のひとつに、「失敗したら、まずは謝れ」というのがありますが、これはまさにそんなフレーズ。いざという時に使いましょう。

OK.5 I <u>have to</u> say I'm really sorry.
謝るしかありません。

「自分はそう簡単に謝る人間ではないが、それでも謝るしかない」というイメージ。自分に非があり、謝らざるを得ないような状況で使います。似た言い方の、
- I have to say thank you.
（お礼を言わなければなりませんね）

は、I'd like to say thank you.（お礼を言いたいと思います）より、強く感謝の気持ちを表せます。

Part5「うまく断る」技ありの一言

おまけのフレーズ

OK **If I were you, I would feel the same way. I'm sorry.**

あなたの立場であれば、私も同じように感じるでしょう。申し訳ありません。

If I were you...(私があなたの立場であれば…)で、相手の立場になって考えているのだということが、きちんと伝わります。深くお詫びするなら、これくらい大げさに言ってもいいかもしれません。

おまけのフレーズ

OK **Perhaps I should say I'm sorry**

謝った方がいいでしょうね。

これは、Perhaps I should say I'm sorry and it would help.(私が謝れば、少しは状況がよくなるでしょうか)というニュアンスのフレーズです。迷惑をかけた相手を、気使うようなイメージになります。

ひたすら低姿勢に謝るなら、他にこのような言い方もあります。

・**Perhaps I should say I'm sorry, but I know it wouldn't be enough.（謝っても謝りきれません）**

致命的なミスを犯した場合など、このフレーズを使うといいでしょう。

贈り物を「辞退する」

弊社では、贈答品はいただかないのがルール。せっかく贈っていただいたお中元を、どうお断りすればいいでしょう？

DANGER: We don't accept gifts.
こう伝わる! 贈答品はいただいておりません。

あまりにキッパリして、とても冷たく聞こえます。門前払いに近い言い方ですから、おススメできません。

・We can't accept gifts.
（贈答品をいただくわけにはいきません）

とcan'tを使えば、「本当はそうしたいのですが」というニュアンスも含まれ、ソフトなお断りになります。ふだんは意識していないかもしれませんが、実はdon't とcan't にはとても大きな違いがあるのです。

キラー・ワードとうまく組み合わせて、相手が理解してくれるような「お断りのフレーズ」を言ってみましょう。

OK.1 If you don't <u>mind</u>, I need to decline.
すみませんが、お断りさせていただきます。

declineには、「（丁寧に）断る、辞退する」という意味があります。We don't accept...などの直接的な言い方より、ずっと礼儀正しく控え目に聞こえます。

しかしそのため、場合によっては相手が「どうしても…」とねばる可能性もあります。相手の状況を理解したうえで、使うといいでしょう。

👍 OK.2 <u>Oh</u>, I'm sorry, but we can't accept gifts.

あ、すみません。贈答品をいただくわけにはいかないんです。

apologize（謝る）が使えると思うかもしれませんが、会話でapologizeのような単語を使うと仰々しく、誠意がないように取られることもあります。かえって、I'm sorry.のようにシンプルなフレーズのほうが、心を込めて使えばより効果的。

でもそんな時、強い味方となるのがohです。oh…とゆっくり丁寧に言えば、心底申し訳なく思っているように伝わります。ぜひ、表情もつけて言ってみてください。

👍 OK.3 I <u>appreciate</u> the feeling, but we can't accept gifts.

お気持ちはありがたく頂戴しますが、贈答品をいただくことはできません。

せっかくの贈り物ですが、決まりは決まり。「お気持ちはわかりますが…」と丁重にお断りしましょう。相手を立てるフレーズであるI appreciate…なら、クライアントや目上

の人にも使えます。さらに、

- We have a policy against taking gifts.
  弊社では、贈答品の受領は禁じられております

など、会社の方針などを説明すれば完璧です。

👍 OK.4 I should have told you, but we don't accept gifts.
贈答品はいただいておりませんと、お伝えしておくべきでした。

You should have... だと相手を注意する言い方ですが、I should have... なら「自分が悪い」というニュアンスになります。
後悔している場合に使えるので、「申し訳ない」と表現したいならこのフレーズがぴったりです。目上の人に謝るなら、うってつけでしょう。

👍 OK.5 I have to tell you, we can't accept gifts.
申し上げるのもなんですが、贈答品はいただいておりません。

I have to tell you...（言わなくてはならない）は、「言いにくいことを、あえて言わなくてはいけない」という苦しい心情が反映されたフレーズです。「申し訳ない」表情をしてこう言えば、相手もきっと納得してくれます。

Part5「うまく断る」技ありの一言

「時間がない」ことをさり気なく伝える

同僚から「ちょっと仕事、手伝ってもらえる？」と頼まれました。でも実は今、急ぎの用があって時間がありません。そんな時、どう答えるといいでしょう？

DANGER I don't have time.

こう伝わる! 時間がありません。

このフレーズだけだと「お前を手伝う時間なんてないよ」と、横柄な態度を取っているように誤解される可能性があります。そんな時は、ほんの一言付け加えましょう。

- I don't have time now.

  今、時間がないんだ

now（今は）を付けるだけで、「今はダメだけど、別の時なら喜んで」となり、ぐんと印象はよくなります。

- I really don't have time.

  全然、時間がないんだ

これなら、「本当に忙しい」というよりも、むしろ「どう考えても時間がない」「少しでも時間があれば手伝いたいのに」という切実さの表れたニュアンスになります。

相手からThat's okay.（わかったよ）と言われるには、どう言えばいいでしょうか。

👍 OK.1 I <u>should</u> go now.
もう行かないと。

「時間がない」とは言わず、「もう行かないと」と言って失礼するなら、このフレーズです。
「もう行かないといけないから、お手伝いできないんです」と聞こえるので、もし後で手伝えるならMaybe I could help you from 5:00.（多分5時からなら手伝えるよ）のように付け加えるといいでしょう。

👍 OK.2 <u>Oh</u>, I don't have time (now).
おや（残念）、今時間がないんです。

oh で「あらあら、今でなければ（よかったのに）」というニュアンスが伝えられます。
時間や日にちが違えばいいなら、Can you wait until 3:00?（3時まで待ってもらえる？）やHow about tomorrow?（明日はどう？）と言えば、たとえダメでも、お互いの気分はよくなります。

👍 OK.3 I <u>appreciate</u> that you're busy, but I don't have time.
忙しいのはわかりますが、時間がないんです。

相手が忙しいのはわかっているものの、どうしても時間がないときは正直に言いましょう。I appreciate that... と切

り出すことで、「申し訳ない」という気持ちは伝わります。丁寧ですが、「だから無理」という断定的な言い方になるので、これなら相手も「仕方ない」と諦めるでしょう。

👍 OK.4 If you don't <u>mind</u>, let me do this now, and I'll help you from 3:00.
もしよかったら、今やっていることが片付いたら、3時からなら大丈夫だよ。

If you don't mind, let me... は「問題なければ…させて」と、かなり謙遜した言い方。さらに「3時からなら手伝えるよ」と具体的に伝えることで、真剣に手伝う気持ちを表せます。
親しい仲間やお世話になっている人には、ぜひこんな返事を。間違いなく喜ばれます。

👍 OK.5 I <u>have to</u> do something right now, so I don't have time.
今ちょっとやらなければいけないことがあるので、時間がありません。

何かを依頼されて断るのに、単に「時間がない」だけの理由では、相手に対する思いやりがありません。
I have to do something right now.（今やらなくてはいけないことがある） と言えば、あなたの事情も十分に理解してもらえるはず。これぐらいのことは、言いたいですね。

相手に「同意できない」と伝える

来期の予算折衝で、経理から猛反対が。ここで負けたら今までの努力が水の泡です。しかし相手は会社の大番頭、同意できないとうまく伝えるには、どうすればいい？

DANGER **I don't agree with you.**

こう伝わる! あなたは間違っている。

I don't agree with you. なんて言ったら、明日あなたの席はないかも。これは「あなたは間違っている」と相手を責める言い方ですから、上司に言ったら大変！

- I don't agree.（同意できない）
- I don't agree with that.
  （それには同意できないな）

とするだけで、かなりソフトになります。

with you は嫌味に近い響きがあり、「お前とは」と強調している感じになります。さらに優しい言い方にするなら、don't ではなく can't を使うといいでしょう。

- I can't agree with that.
  （それに同意したいが、できない）

となり、角が立ちません。

- I really can't agree with that.
  （どんなに努力しても、どうしても同意できない）

なら、相手も悪い気はしないでしょう。

Part5「うまく断る」技ありの一言

ちなみに逆の意味であれば、

・I can't agree with that at all.
（それにはとても同意できない）

のように、not...at allを使えばうまく表現できます。
ただし、なぜ同意できないか、その理由を説明したほうがいいでしょう。ビジネスでは、言うべきことはきちんと言わなくてはいけません。キラー・ワードを使って、相手を怒らせず、うまく「同意できない」と伝えてみましょう。

OK.1 <u>Oh</u>, I can't agree.
うーん、同意できないなぁ。

ohをできるだけ辛そうに言えば、「こう言うのは辛いけど、残念ながら同意できない」と、あなたが努力していることが相手にも伝わるでしょう。
can'tを使えば「(…したいけど) できない」という残念さも表せます。

OK.2 I <u>have to</u> say I can't agree.
同意はできないと言わざるを得ません。

「あなたの意見に反対するのは辛いが、それでも反対だと言わなくては…」という心情が伝わる言い方です。
これなら、上司に反対する場合でも使えそう。シンプルにして要を得た言い方です。

OK.3 I wish I <u>could</u> agree, but I can't.

同意したいけど、できないな。

絶対に反対というわけではなく、賛成できない理由がある場合の言い方です。「残念だけど…」と伝えたいなら、こういうフレーズがいいでしょう。

…but I really can't. とreallyを入れるだけで、「同意したいが、どう考えても同意できない」となります。

OK.4 I <u>appreciate</u> what you're saying, but I can't agree.

おっしゃることはわかりますが、同意できません。

そのまま会議で使えそうなフレーズです。ビジネスライクな言い方なので、これなら相手も怒らないでしょう。

情をはさむことなく、言うべきことは言う、ビジネスのお見本のようなフレーズです。

OK.5 Maybe you <u>should</u> explain that to me again.

もう一度説明していただけませんか。

それまでの説明で納得できないなら、こう言うといいでしょう。場を和ませるようなニュアンスがあるので、これなら言われた側も気持ちよく説明できます。

Part5「うまく断る」技ありの一言

👍 OK.6 If you don't <u>mind</u>, could you explain that to me again?

よろしければ、もう一度説明してもらえますか？

「自分が同意できないのは、相手の発言が理解できていないから？」と考えたら、これでしょう。相手が説明不足の場合にも使えるフレーズです。お互いに歩み寄りたい時、こんな言葉を挟むといいですね。

おまけのフレーズ

👍 OK It's hard (for me) to say this, but I can't agree.

本当に申し訳ないのですが、同意できません。

実際に、ネイティブがよく使うのはこれです。非常に謙虚に聞こえ、また相手を問わず、目上にも目下にも使えます。何かを断るなら、It's hard (for me) to say this（本当に申し訳ないのですが）が常套句。
まさに「鉄板」のキラー・ワードでしょう。

うまく「招待を断る」

取引先のパーティに招かれました。しかしその日は、前から決まっていた他社のゴルフコンペの日。失礼にならない断り方をするには、どう言えばいいでしょう？

DANGER I can't go to your party.
こう伝わる！ 君のパーティに行けないんだ。

こう言われたら、相手は「うん、わかった」と応えるしかありません。理由はおろか「行けなくて残念だ」という気持ちも述べられておらず、ただ事実を伝えているだけです。これでは社会人の答えにはなりません。一歩進んで、

- I really can't go to your party.
  （パーティに行くのはちょっと無理そうです）

なら、reallyを入れることで「行きたいけど、大事な用事があって行けない」という「残念さ」が表せます。
それではこのフレーズを元に、相手との関係をさらによくするには、どう言えばいいでしょうか？

OK.1 Oh, I'm afraid I can't go to your party.
残念ですが、そちらのパーティに行けないんです。

I'm afraid...だけでも、もちろんOKですが、ohと最初に言うだけで、「本当に残念」という気持ちが表現できます。

ちょっと乱暴ですが、英語に自信がない人は「とりあえずoh」と覚えておいてもいいかも。
とはいえ、いつもohでは「大げさな人」と思われてしまうので、その辺のさじ加減は大切です。

👍 OK.2 I **appreciate** the invitation, but I can't go to your party.
ご招待ありがとうございます。しかし残念ながら、伺えないんです。

社会人として、こう言えば間違いなく合格点です。「お礼＋お詫び」なら、何の問題もありません。
さらに好印象を与えるなら、**Maybe next time.（次こそは）**や、**Please invite me again.（また呼んでください）**などと付ければ完璧です。

👍 OK.3 Sorry. Maybe you <u>could</u> invite me next time.
すみません。また今度誘ってください。

雑談の中でお詫びするなら、これくらいの気楽さでいいでしょう。改まっていない分、本当に次は呼んでほしいと思っているように伝わります。
小規模のパーティや、仲間内の集まり程度のお誘いなら、こういうラフな返事がいいでしょう。

👍 OK.4 I wish I <u>could</u> go to your party, but I can't.

パーティに行きたいんだけど、残念ながらダメなんです。

I wish I could...で、「本当に行きたい」という気持ちが伝わります。これなら相手も素直に、「残念だね」と受け入れやすいでしょう。

👍 OK.5 Sorry. Would you <u>mind</u> if I took a rain check?

すみません。またの機会にお願いできますか？

take a rain checkで「次の機会に」、つまり「今回は見送る」という意味です。何かに誘われて断るときの決まり文句で、**Could I take a rain check?（また次の機会にでも）** と言ってもOK。ぜひ覚えましょう。

👍 OK.6 Sorry, <u>I have to</u> take a rain check.

すみません、今回は見送ります。

上の言い回しの応用例です。have toを付けると「見送ります」と、不参加を詫びる表現になります。
reallyを入れて、**I really have to take a rain check.（本当に見送らざるを得ない）** となり、より一層「残念さ」を強調できます。

Part 6
「お願いする」ときの とっておきの言い方

　「確かめて」「もう一度」「落ち着いて」といった声かけは、言い方によって相手の気を悪くすることもあるので、細心の注意が必要です。
　相手の肩書きや年齢によって、ニュアンスを変えるといいでしょう。
　時には丁寧に、時にはへりくだったりと、「5つのキラー・ワード」を使えばさまざまな表現が可能です。ビジネスでよく経験する状況別の言い回しを覚えましょう。

間違いがないか「確かめて」と言う

クライアントへの提出書類をチェックしていたところ、不自然な数字が。どこかに間違いがあるようです。作成したスタッフに、うまく「確かめて」と言うには？

DANGER: You have to check this again.

こう伝わる！ もう一度これを確認しなさい。

You have to... と言われて、いい気持ちになる人はまずいません。「あなたがどう抵抗しても無理、四の五の言わずにやりなさい」という命令口調に聞こえます。

・You need to check this again.
（もう一度これを確認しないと）

need to なら、「この状況を考えると、再確認する必要がある」となり、相手を責めるニュアンスはないでしょう。
5つのキラー・ワードを使って、相手の気を悪くしないよう再確認を促すには、どう言えばいいでしょうか。

OK.1 Oh, check this again.
あ、これ再確認して。

思い出して言っているように聞こえる、とても軽い言い方です。命令文に近い形ですが、これなら相手の気分を害す

Part6 「お願いする」ときのとっておきの言い方

ることはないでしょう。ohに表情をつけて言ってください。

OK.2 I'd <u>appreciate</u> it if you could check this again.
これをもう1度確認してもらえると助かる。

部下に依頼する時にI'd appreciate it if you could... と言えば、「…してもらえると助かる」というニュアンスに。相手を評価する言い方なので、気持ちよく応じてくれそうです。部下に仕事をお願いするなら、こんな「へりくだった」フレーズがオススメです。

OK.3 Maybe you <u>should</u> check this again.
もう1度これは確認した方がいいだろうね。

提案の形ですが、上司にこう言われたら命令と同じ効果があるでしょう。主語をweにして、Maybe we should check this again.と言っても「あなたがもう一度確認した方が…」というニュアンスになります。

「さりげない命令文」になるので、部下も強制的には感じません。ぜひ使ってみてください。

OK.4 Would you <u>mind</u> checking this again?
もう一度これを確認してもらえますか?

キラー・ワードを使ったフレーズの中で、もっとも丁寧な

131

言い方がこれです。丁寧な言い方なので、これなら相手も嫌な気持ちにはなりません。また、たとえ部下が断らなくてはいけない場合も、断りやすいでしょう。

OK.5 I have to ask you to check this again.
もう1度これを確認してもらわないと。

「頑張ったのはわかるけど、それでも何とか再確認してもらわないといけない」というニュアンスになります。
命令形ほどではありませんが、やや強制的な意味合いがあります。部下から上司に言うと、場合によって失礼にとられることもありますが、上司から部下に言う分には大丈夫です。
察しのいい部下なら、「何かミスがあったかな？」と気づくでしょう。

Part6「お願いする」ときのとっておきの言い方

「もう一度やらせて」とお願いする

昨年出した商品は目標数に届かず、廃番となりました。諦めきれないあなたは、何とかもう一度チャンスをくれるよう上司に頼みます。さぁ、どうお願いしますか？

DANGER **Please.**

こう伝わる！ お願い。

職場で上司に向かってPlease.と言ったら、部屋はシーンとなるでしょう…。子供や美女が目を潤ませてPlease.と言えば効果はあるかもしれませんが、通常ビジネスの場でこのひとことだけを言うことは、ほぼありません。
ビジネスで相手に理解を求めるには、まずは説明する機会を得るよう、努力するのが第一です。

・**Let me try again.**（もう一度やらせてください）

と言えば、相手もNo.とは言えません。
しかし、もし万が一No.と言われたら、どうすればいいでしょうか？　その場できちんと言い返さないと、相手はもうその話は「終わったこと」と考えるでしょう。
そんな時こそ、キラー・ワードの出番です！

OK.1 **I have to try again.**
　　　どうしても、もう1度やらなきゃ。

I have to... には「どうしても」の意味合いがあるので、この状況であれば「ここで諦めるわけにはいかない」というニュアンスになります。チャンジ精神あふれる言葉なので、誰からも好感を持たれるでしょう。

- **Let me try again.**
（もう一度やらせてください）
- **Please give me another chance.**
（もう一度チャンスをください）

と続けて言えば、「強気な発言＋腰の低いお願い」となり、ほぼ完璧なフレーズになります。

OK.2 Would you mind if I tried again?
もう一度やらせてもらえませんか。

直訳は「もう一度やらせてと言ったら困りますか？」ですが、転じて「もう一度やらせてください」という丁寧なフレーズです。

かなり低姿勢な言い方なので、「しょうがないなぁ」と相手もしぶしぶOKしてくれる可能性大です。

- **I think I could do better.**
（もっとうまくできると思います）
- **I can make a lot of improvements.**
（もっと改善できます）

と付け加えれば、より効果的でしょう。

OK.3 <u>Oh</u>, okay. But let me try again.

**ああ、わかりました。
でももう1回やらせてください。**

Oh, okay.（ああ、わかりました）と言って、まずは相手の意見を受け入れましょう。そうすることで、一旦は相手に敬意を表し、その後でBut...と、まだ諦めていないことを伝えるのが効果的です。

最初からBut...と食ってかかると、「Noだと言っているのに、わからないのか？」と思われてしまいます。とりあえずは素直に、相手の意見を受け入れることが大切です。

たかがohされどohで、文脈によりさまざまなニュアンスに変わる間投詞は、たかが1語とはいえ侮れません。

OK.4 I appreciate your position, but let me try again.

**あなたの立場はわかりますが、
もう一度やらせてください。**

目上の人に意見するなら、こんなフレーズもいいでしょう。「相手の立場を尊重しつつ、自分にもチャンスをくれ」という言い方です。

「部長として認められない」などの理由に対し、「あなたの肩書きでは自由に発言できないでしょうが…」といった、少し嫌味な発言になります。その分、やる気が前面に出ているので、本気さをアピールできるでしょう。

OK.5 Maybe I <u>could</u> rethink things. Let me try again.

**考え直してみます。
もう1度チャンスをください。**

Maybe I could rethink things.を直訳すれば「考え直すことは多分できます」、転じて「考え直してみます」となります。

いやいや考え直すのではなく、前向きな姿勢が感じられる言い方です。

しかし、悪く解釈すれば「コロコロと意見を変える、意思の弱いヤツ」と思われてしまいます。少し間を置いてから、このフレーズを使ったほうがいいでしょう。

Part6「お願いする」ときのとっておきの言い方

Column 6

上手にほめられるには

Your English is excellent.（英語がお上手ですね）とほめると、No, No.と強く否定する人がいますが、これでは相手もがっかりしてしまいます。

たとえあなたの英語が完璧でなくても、英語で話そうとしていることに好感を持つアメリカ人は多く、それはお世辞ではないのです。「この程度の英語では恥ずかしい」と思っても、ほめ言葉は素直に受けるようにしましょう。

- ✦ **Thank you for the compliment !**
  （ほめてくださって、ありがとう）
- ✦ **Thank you for saying that. I hope we can talk again.**
  （そう言ってもらえるのは嬉しいなあ。また話す機会があればいいんだけど）
- ✦ **I'm doing better, but I want to get better at expressing my opinion. I'm still studying.**（前よりは少し話せるようになりました。でも、自分の意見がきちんと言えるようになればいいと思って、まだ勉強中です）

などと付け足せたら、完璧です。

- ✦ **Thank you for saying that.**（そう言ってくださって、ありがとう）

は「言葉だけかもしれないけど、嬉しい」という謙遜を含んだ表現ですから、ぜひ使ってみてください。

「プレッシャーをかけないで」と頼む

社長への提出資料を作るのに、上司が口を挟むため全く作業がはかどりません。プレッシャーをかけないよう伝えたいのですが、どのように言えばいいでしょう？

DANGER Don't pressure me.
こう伝わる！ プレッシャーをかけないで。

あれこれ口うるさい上司にこう言いたい気持ちはわかりますが、Don't pressure me.などと言うと、さらに怒られるでしょう。
感情的な言い方なので、十代の子がキレて親に言うようなフレーズです。職場では、まず使わない方がいいでしょう。Stop pressuring me.も同じようなニュアンスなのでNGです。
この状況では、これといって決め手になるフレーズはありません。上司を黙らせるには、キラー・ワードを利用してどう言えばいいでしょうか？

OK.1 I have to ask you not to pressure me.
プレッシャーをかけないでもらえますか。

社会人らしい丁寧な言い方です。でもかなり直球なので、あなたが嫌がっていることが相手に伝わるかもしれません。

Part6「お願いする」ときのとっておきの言い方

遠回しに何度言っても伝わらない上司なら、最後にこう言うのもいいでしょう。

👍 OK.2 Maybe you <u>could</u> let me try it my way first.
まずは自分のやり方でやってもいいですか？

「ああしろ、こうしろ」と口うるさい上司には、まずこう言うといいでしょう。let me try it my way first（まずは自分のやり方でやらせて）がポイントです。「まずは」と前置きすることで、上司の指示を全否定しているわけではないと表明します。

とはいえこれで終わりだと、上司もしゃくに障るでしょうから、**If that doesn't work, could you give me some advice.（もしそれでダメなら、アドバイスお願いできますか）**と付け加えておけばフォローにもなります。

👍 OK.3 <u>Oh, you know</u>, I work better without so much pressure.
**え〜っとですね、あまりプレッシャーが
かからないほうがうまくいくと思います。**

Oh, you know...（え〜っとですね）は、言い出しにくいことを切り出すのに使える言い方。ネイティブは無意識に使っていますが、「これはちょっと言いづらいのですが…」という遠慮を表すことができます。

I work better without... で、「プレッシャーがかからないほうがうまく働ける」、つまり「プレッシャーをかけないで」と遠回しに言っていることに。よほど鈍感な上司でない限り、こう言えば伝わるでしょう。

👍 OK.4 I appreciate all your help, but I don't work well under pressure.
手伝ってくださるのはありがたいですが、プレッシャーがかかるとうまくできないんです。

怒りやすい上司には、特にこの言い方がオススメ。
「あなたの高圧的なやり方はよくない」ではなく、「自分の仕事のやり方がよくない」と言っているので、相手も自分が嫌がられているとは思わないでしょう。間接的なお断りのフレーズになります。

👍 OK.5 Would you mind letting me try this my own way?
自分のやり方でやってみてもいいですか?

遠慮している感じの言い方ですから、これで逆ギレする人はまずいないでしょう。
「高度なやり方はできないので、自分にできる方法でやります」と言っているように聞こえます。Sorry, but...(すいませんが…)を付けて言えば、さらに完璧です。

Part6「お願いする」ときのとっておきの言い方

「まぁまぁ落ち着いて」と言い聞かせる

取締役会議の席上、決算内容について言い争いになりました。司会者のあなたは、場を収めなくてはいけません。こんな時、効果的な言い方は何でしょう？

DANGER **Just calm down.**

こう伝わる! 黙って落ち着いて。

Just calm down. は、親から子、先生から生徒など、上からモノを言う時に使うフレーズ。「（文句を言わず）黙って落ち着きなさい」に近い、命令口調の言い方になってしまいます。

怒っている人に何か命令しても、そう簡単に聞いてはもらえません。ここはひとまず、穏やかに落ち着いてもらう必要があるでしょう。

そんな時、冷静さを失わずに、

・We need to calm down.（落ち着く必要があります）

と言えば効果的。さらにビジネス口調で、

・We need to calm down and analyze this.
 （落ち着いて現状を分析する必要があります）

などと言えば、怒っていた人も我に返ることでしょう。

もしあなたが一触即発の現場にいたら、どう声掛けして場を収めるでしょうか？

OK.1 Oh, I see.

ええっと、わかりました。

まずは何に怒っているのか、相手の話を聞きましょう。Oh, I see. は「それは知らなかった。でも、もうわかりました」と、相手の気持ちを察するニュアンスがあります。
とりあえずこう言ってゆっくり相手の話を聞き、みんなが少しずつ落ち着くのを待ちましょう。

OK.2 I appreciate how you feel.

あなたの気持ちはよくわかります。

appreciateは、ポジティブかつ冷静なニュアンスのある言葉。ですからこんな状況で使えば、非常に効果的です。
I know how you feel.（どう思うかわかるよ）に似たフレーズですが、I appreciate... の方が、より相手の気持ちを尊重する言い方になります。ネイティブは他に、

・I appreciate how you feel. I really do.
（あなたの気持ちはよくわかります。私も本当にそう思います）
・I can really appreciate how you feel.
（あなたの気持ちは非常によくわかります）

などもよく言います。

Part6「お願いする」ときのとっておきの言い方

👍 OK.3 What <u>should</u> we do about this?
この状況に対して我々はどうすべきだろうか？

「どうすべきだろう」とは、つまり「一緒になって解決策を考えましょう」という意味合いです。憤懣やるかたない相手を、「怒り」から「解決」へと、気持ちの上でシフトさせる言い方になります。

このような場合、つい You need to...（…するべきだ）や Why don't you...?（なぜ…しないんだ？）と言ってしまいますが、怒っている相手に「自分で考えさせれば」、自然と冷静になっていくもの。ブレインストーミングやプレゼンでも使えるフレーズです。ぜひ覚えてください。

👍 OK.4 Would you <u>mind</u> sitting down and talking about this?
腰を落ち着けて、この問題について話し合おうじゃないか。

興奮している人を落ち着かせる常套句です。日本語でもお馴染みのフレーズを、英語ではこのように言います。

「まずは落ち着いて、冷静になって話し合おう」というニュアンスの言葉で、かなり険悪なムードになった時に使います。こう言っても、まだ鼻息が荒いようなら、

・Would you like something to drink?
（何か飲むかい？）

などと声を掛けて、相手の気を静めましょう。

143

OK.5 I have to ask you to calm down.
落ち着くように。

かなり興奮した相手には、このように冷静に命令してもいいかもしれません。

直訳だと「私はあなたに落ち着くよう頼まなくてはいけない」となるように、「相手のことを思って」言っているフレーズです。「まぁまぁ」と相手をいさめたい時に使うと、いいでしょう。

Part6 「お願いする」ときのとっておきの言い方

謝罪を受け入れて「許す」

新商品の宣伝で大失敗したスタッフが、折り入って謝罪に訪れました。上司という立場で部下の謝罪を受け入れるには、どのように応えればいいでしょうか？

DANGER It's okay.
こう伝わる! もういいよ。

お詫びに対してこの返事では、部下も浮かばれません。It's okay.は「もういいよ（今さら言ってもしょうがないから）」と、仕方なく許しているように聞こえるフレーズです。
謝罪を受け入れ、許してあげるのなら、
- Let's forgive and forget.
（済んだことは忘れましょう）
- Let bygones be bygones.
（過去のことは水に流しましょう）

などと言うのがいいでしょう。
ただし、あまりにも大きな失敗で、そうやすやすと許せない時──今後の勉強のためにも、少しお灸をすえたいような場合、どのように言うのがいいでしょうか？

OK.1 **Oh,** it's okay.
ああ、もういいよ。

145

ohの伸ばし具合で、ニュアンスが微妙に変わります。
「オーーーゥ…」とためて言えば言うほど、「しょうがないなぁ」という気持ちが表現できるでしょう。しかし、その後にit's okayと言えば、「もうそのことはいいよ」とフォローできます。
済んでしまったことはしょうがないですが、多少はお灸をすえるなら、こんなフレーズがいいでしょう。

OK.2 I appreciate that.
わかりました。

たった3語ですが、相手の真剣な謝罪を真摯に受け止める言い方です。上司としての余裕も感じられる、「謝罪了解」の返事になります。これで終わらせてもいいですし、この後少し苦言を呈してもいいでしょう。

- I appreciate your apology.
 (お詫びはわかりました)
- Thank you. I appreciate that.
 (ありがとう。わかりました)

などの返事も、同じように使えます。

OK.3 Maybe we could forget all about this.
このことは全部忘れましょう。

問題を長引かせず幕引きするなら、これがいいでしょう。
「これ以上、ああだこうだ言ってもしょうがないので、もう

Part6「お願いする」ときのとっておきの言い方

これで終わりにしましょう」という意味のフレーズです。こんな物わかりのいいことを言ったら、「聞き分けのいい上司」と思われ、あなたの評判も上がるでしょう。

👍 OK.4 I wouldn't <u>mind</u> if we never talked about this again.
これはもう終わりにしましょう。

直訳は「これを二度と話さないようにするのは嫌でない」、つまり「このことについては、もう話さないようにしよう」→「これはもう終わりにしよう」となります。
1つ前のMaybe...のフレーズと同じく、これも「いい上司」の印象を与えられるので、社内であなたの株が上がることは間違いありません。

👍 OK.5 You don't <u>have to</u> apologize.
謝らなくても大丈夫だよ。

相手がかなり反省しているなら、こう言ってもいいでしょう。

・No, no. You don't have to apologize.
（いやいや、もう謝らなくてもいいよ）

と、相手を安心させる言い方です。怒るばかりでなく、たまにはこんな優しい言葉もかけてあげるといいでしょう。

147

「これを使えば？」と人に提案する

同僚のパソコンが壊れました。あなたのパソコンがあいているので「これを使ったら？」と言おうと思います。こんな場合、どう声を掛ければいいでしょう？

DANGER Can't you use this computer?

こう伝わる！ このコンピュータが使えないの？

こんなことを言ったら、同僚は間違いなくキレるでしょう。Can't you...? は「そんなこともできないの？」と相手をバカにした言い方。そんなことを言われたら、ネイティブならカンカンです。

Can't you use your brain?（頭、使えないの？）や Can't you do anything?（何にもできないの？）など、Can't you...? はよく人をバカにする言い方として、使われます。ですから、そんなつもりがなくても、普段からあまり使わないほうがいいでしょう。その代わり、

・Couldn't you use this computer?
（このコンピュータを使ったら？）

これなら「条件が揃えば…」という含みがあるため、丁寧に相手に提案する言い方に聞こえます。

これにキラー・ワードを足して、あなたならどんな声掛けをしますか？

Part6「お願いする」ときのとっておきの言い方

👍 OK.1 <u>Oh, um...</u> Could you use this computer?
えーっと、このコンピュータを使ってみたら？

「ちょっとした思いつきなんだけど、このコンピュータは使えない？」というニュアンスのフレーズです。
軽い思いつきで言ったように聞こえるので、たとえ部下でも自分の意見を言いやすいでしょう。
um... と口ごもるのも、テクニックのひとつです。

👍 OK.2 I'd <u>appreciate</u> it if you could use this computer.
このコンピュータを使ってもらえると
うれしいな。

「これ、おススメ」を丁寧に言えば、こんな感じでしょうか。一方的にオススメな時だけでなく、相手の気が進まない時に使ってもいいでしょう。
I'd personally appreciate it...（個人的にうれしいな）ならさらに効果的ですが、I'd appreciate it... でも、同じようなニュアンスが出せます。
応用すればさまざまなシーンで使えるので、ぜひ活用してください。

149

OK.3 Maybe you <u>could</u> use this computer.
このコンピュータを使ってもいいよ。

提案する口調でいて、自らの要望をしっかり伝えるフレーズです。気を使った言い方に聞こえるので、相手も遠慮なく本音で返事ができるでしょう。

Maybe you could...(…してもいいよ)の言い回しは、ぜひ覚えておきたいもの。さまざまな状況で使えます。

OK.4 Would you <u>mind</u> using this computer?
このコンピュータを使うのは嫌？

Would you mind...?で「…は嫌？」と聞きながら、「使ってほしいんだけど、ダメかな？」という本音が見え隠れしています。

非常に丁寧な言い方なので、相当嫌でない限り、相手は断りづらいでしょう。

ちなみに、Yes.だと「はい、嫌です」、No.なら「嫌ではない」→「使ってもいい」となります。こう言われたら、

- No, not at all.(もちろん、大丈夫です)
- No, that would be fine.(いや、それでもいいよ)

などと答えるといいでしょう。

Part6「お願いする」ときのとっておきの言い方

OK.5 You'll <u>have to</u> use this computer
このコンピュータを使うしかないでしょう。

You have to use this computer.（このコンピュータを使いなさい［嫌でも使え］）よりは多少、柔らかな表現ですが、命令口調なのは同じです。嫌がっている相手を、説得するニュアンスがあります。

笑いながら言えば、ジョークっぽく聞こえなくもないでしょう。親しくない間柄であれば、使わない方が無難です。

Column 7

I hope you're right. の本当の意味

仕方のないことですが、日本人は日本語から英語を考えがちです。

I hope you're right. は、直訳すれば「あなたが正しいと望んでいます」ですが、本当の意味は「あなたが正しいと望んでいます（多分、それは無理でしょうが）」と、「相手に同意できないこと」を婉曲的に伝える表現になります。

ちなみに had better... は「…した方がいい」というよりも「…すべきだ」という強い表現です。

ですから You'd better hope you're right. を直訳すれば「自分が正しいと望むべきだ」ですが、言い換えれば「自分の言葉や意見に間違いがあったら、大変なことになりますよ」という脅し文句になります。

この hope のニュアンス、ぜひ覚えてください。

Part 7
「注意・命令する」
逆ギレされないセリフ

◆ 人に注意・命令するのは誰でも嫌なもの。言われる相手も嫌でしょうが、言う側はいわば「悪者」になるのですから、ある程度の覚悟が必要になります。
とはいえ、会社内であれば、そうそう事を荒立てたくはないもの。
いかに人のやる気をなくさないよう、うまく注意・命令できるか、キラー・ワードを使って言ってみましょう。

「急いで」とせかす

受注ミスで、取引先がカンカンです。部下が対処しているものの、急がなければ大変なことに。頭ごなしに言わず自主的に急がせるには、どう声を掛ければいい？

DANGER **Please hurry.**

こう伝わる！ だらだらしないでください。

がんばってやっている人に「だらだらしないで」なんて言ったら、一瞬でやる気も失せるでしょう。

人を動かすには、本人の「気づき」が大切です。頭ごなしに命令するのでなく、相手が「…をしなくては」と自主的に思うような声掛けをするといいでしょう。

Please hurry. のかわりに使うなら、

・**We should hurry.（急ごうか）**

You should hurry. だと「急げ」に近い言い方ですが、主語をweとしているため、キツくは聞こえません。

ビジネスではよくweを使いますが、これは「私たち」というより、「チームの一員」というイメージを強くして、モチベーションを上げるため。

そのためWe should hurry. と言われたなら、「(自分は) 急がなくてはいけないんだ」と理解すべきなのです。

それではキラー・ワーズを使って、さまざまな状況に対応できる表現を考えましょう。

Part7「注意・命令する」逆ギレされないセリフ

👍 OK.1 I guess we should hurry.
ぼちぼち急ぎますか？

I guess we should... は、人に何かを提案するフレーズです。非常に丁寧で嫌味のない言い方なので、上下関係を気にしない上司であれば、フレンドリーな雰囲気が出せるのでいいでしょう。

一方、部下が上司に使う場合にも、遠回しに急がなくてはいけないことが伝わるので、ぴったりです。上司に命令形は使えませんが、こんな言い方なら「急がなくてはいけない」ということが、それとなくわかります。

英語でこんな言い方ができると、上司から好感を持たれるでしょう。

👍 OK.2 Maybe you should hurry.
急いだほうがいいだろう。

前の例文と似た「提案型の命令文」です。上司が部下に言えば、丁寧な依頼に聞こえます。

- **Maybe you should hurry a little.**
  （ちょっと急いだほうがいいだろう）

と最後にa littleをつけてもつけなくてもOK。「ちょっと」の雰囲気は、どちらでもきちんと伝わります。

- **You'd better hurry.**
  （もっと急がないと、どうなるかわかっているね）

だと脅しのニュアンスが含まれますが、

155

- Maybe you'd better hurry.
（もっと急いだ方がいいだろう）

なら、そんな意味合いはありません。Maybeの有無でこれだけ印象が変わるということは、覚えておくといいでしょう。

👍 OK.3 I have to ask you to hurry.
申し訳ないが、急いでください

「君ががんばっているのはわかっている。でも、急いでもらわないといけない」という緊迫した状況で使うのに、うってつけです。

- I need to ask you to hurry.
（急いでもらわないと）

も似た意味の言い回しですが、I have to... なら「本当は…をしたくないが、せざるを得ない」というニュアンスが出せます。

部下だけでなく、タクシーの運転手などにも使えるフレーズです。

👍 OK.4 Oh, and... I'm in a hurry, please.
あ、それと…急いでるんだ。

Oh, and...（あ、それと…）とたまたま気付いたふりをして、急いでもらいたいことをソフトに伝えます。「しまった！」という顔をして言うと、いいでしょう。

Part7 「注意・命令する」逆ギレされないセリフ

たとえばタクシーでThe airport. I'm in a hurry, please.（空港まで。急いでます）だと、ちょっとキツく感じますが、The airport. Oh, and...I'm in a hurry, please.（空港まで。あ、それと…急いでます）なら、そんなに嫌な気になりませんよね？ それと同じイメージです。

👍 OK.5 I'd <u>appreciate</u> it if you could hurry.
急いでもらえるとありがたいな。

下手に出て、相手を動かす言い方です。日本の管理職は、女子社員によくこんなフレーズを使うのでは？
I'd appreciate... と相手をおだてておいて、本当にやってもらいたいことを言います。円満な人間関係を築くためにも、この言い方はマスターしておくといいですよ。

👍 OK.6 If you don't <u>mind</u>, could you hurry?
よかったら、急いでもらえる？

直訳すると「もし嫌でなかったら、急いでいただけますか？」となり、とても丁寧で謙虚な言い方です。
高圧的な上司が使うには物足りないかもしれませんが、部下にしてみれば、こんな優しい言い方をする上司は大歓迎。
順番を逆にして、
Could you hurry, if you don't mind?
でもOKです。

157

✓ ✓ ✓ ✓ ✓ ✓ ✓

「気をつけて」と注意する

株主総会で配る資料を作成します。数字の間違いは大変なことになるので、細心の注意を払ってチェックする必要が。部下にはどのように注意すればいいでしょうか？

DANGER ▶ **Be careful.**

こう伝わる! 気をつけて。

「気をつけて」と頭ごなしに言われたら、誰でもムカッとするでしょう。
Be careful.のような注意を喚起する言い回しは、どのタイミングで言うかが大事です。行動する前、もしくは行動している最中ならば問題ありませんが、すでにそれが終わろうとしている時、または終わった後に言うと、意地悪で言っているとしか思えません。

・Be more careful.（もっと気をつけて）

なら少しは柔らかく聞こえますが、それでも子供をたしなめているような言い方です。
いい大人である職場のスタッフに気をつけるよう注意するなら、どのように言えばいいでしょうか。5つのキラー・ワードを使い、頭ごなしでなく、なおかつ部下のやる気をなくさないフレーズを作りましょう。

Part7「注意・命令する」逆ギレされないセリフ

👍 OK.1 <u>Oh</u>,...be careful.
えーっと、気をつけてね。

Oh,...とためて言うことで、嫌味なニュアンスがなくなります。少し大げさなぐらいに言えば、場の雰囲気もなごむかもしれません。軽い注意であれば、これくらいの言い方がプレッシャーもなくいいでしょう。

👍 OK.2 I'd <u>appreciate</u> it if you could be more careful.
もう少し注意してもらえると助かるよ。

怒ったようなニュアンスはほとんどなく、相手に敬意を表しながら丁寧に頼む言い方です。反感を買うこともまずありません。
細心の注意が必要な作業の際は、こんな風に声をかけるといいでしょう。

👍 OK.3 I guess we <u>should</u> be more careful.
もっと気をつけた方がいいね。

相手を責めずに注意する言い方です。「お互いにもう少し注意しましょう」と周囲には聞こえるでしょう。
ただし、ものわかりのいい先輩が、後輩に軽く注意するようなフレーズなので、本当に注意が必要な作業には軽すぎるかもしれません。

OK.4 Maybe you <u>should</u> be more careful.
もっと気をつけたほうがいいよ。

You should be more careful.だと、「君はもっと注意すべきだ（でも、しないだろうな）」という、ネガティブな意味合いになります。

shouldを人に対して使うと、「あなたは…するべきだよ」といったアドバイスではなく、「あなたは…するべきだ、でもきっとそうしないだろうね」という、嫌味なニュアンスになることは、意外に知られていません。

しかし、Maybe you should...（…したほうがいいよ）とすれば、本当は怒鳴りつけたいのを我慢して、あえてソフトに言い聞かせるようなイメージになります。

・**Maybe we should be more careful.**
（もっと気をつけたほうがいいね）

なら相手を責めるニュアンスは減り、ソフトに「…したほうがいいよ」という言い方に。Maybeの1字で大きく意味合いが変わりますから、ぜひ覚えておいてください。

OK.5 If you don't <u>mind</u>, could you be more careful?
よかったら、もう少し気をつけてもらえる？

丁寧な言い方ですが、少し皮肉気味の表現になります。言われた側がプレッシャーを感じる言い回しですから、部下に厳しく接する上司なら、使ってもいいでしょう。

何かを依頼する時であれば、If you don't mind, could you...? はとても丁寧な言い方です。しかし、相手がやるべきことをやっていない場合は、かなり意地悪な言い方になります。注意して使いましょう。

👍 OK.6 I have to ask you to be more careful.
もう少し気をつけてもらわないと。

I have to ask you to... を使うと、真剣な頼みごとになります。注意というよりも、「何とかもう少し気をつけてほしい」と依頼するような言い方です。

度々の注意にも関わらず、ミスを繰り返した場合などに効果的なフレーズです。威厳を持って言うといいでしょう。

Column 8

理由のキラー・フレーズ

人に何かを釈明する際、状況によってはその理由を言ったほうがいい場合もあります。
そんな時に使える、定番フレーズを紹介しましょう。
日本語でもよく耳にする「言い訳」は、英語だとこんな言い方になります。ぜひ覚えてください。

- **An emergency came up.**
  (急用ができたんだ)
- **I have to take care of a problem.**
  (片付けなければいけない問題があって)
- **My schedule got messed up.**
  (スケジュールを間違えたんだ)
- **It's a complicated situation.**
  (面倒なことになって)

Part7「注意・命令する」逆ギレされないセリフ

「やめたほうがいいよ」と忠告する

勤務中、ネイティブの同僚がフェイスブックをやっています。仕事中はやめるように注意するには？

DANGER You shouldn't do that.
こう伝わる！ それはやらないほうがいい。

You shouldn't do that. は、時に「君のやっていることは間違っている」と断定するように聞こえ、上から目線の発言と受け取られる恐れがあります。
相手はWhat do you know?!（何もわからないくせに）、What makes you so perfect?（何でお前はそんなに偉そうなんだ？）と反感を覚えるかも。
どう言えば、相手が素直に言うことを聞くアドバイスができるでしょうか？

👍 OK.1 If you don't mind...
それはちょっとね…。

If you don't mind...だけで、ひとつの言い方として成立するフレーズです。後に続くはずのplease don't do that.（それはやらないでください）が省略された言い方で、ネイティブもよく使います。
暗示して言っているため、相手が何を注意されたのかわか

163

らないと意味はありませんが、一度注意したことを繰り返しているような時は有効です。応用表現の、

・Sorry, if you don't mind...
（ごめん、それはちょっと）
・If you don't mind, please...
（それはダメなんだよ）

も、よく使う言い回しです。

OK.2 Maybe you shouldn't do that...
多分、それはしない方が…。

Maybe you shouldn't...（多分…しないほうがいい）で、相手を傷つけない間接的な注意になります。これなら嫌味にならず、初対面の人や、目上の人にも使えます。
語尾を曖昧にすることで、ネガティブな表現をやわらげています。「やると大変なことになる」という時、よく使われるフレーズです。

OK.3 Oh, maybe you shouldn't do that.
あ、それはちょっと…。

人に注意する際、大事なことは、「事の重大さによりフレーズを使い分けること」。些細なことを大げさに注意すると、相手は「何でそんなに怒るの！」と逆ギレすることもあります。
しかしohを加えることで、「今ちょっと、思ったんだけど…」という軽いニュアンスが生まれ、優しい注意に聞こえ

Part7「注意・命令する」逆ギレされないセリフ

ます。1つ前のフレーズと、Ohの1単語が増えたこのフレーズのニュアンスを、ぜひ比べてみてください。
maybe（多分）を入れることで間接的な注意になり、強くは聞こえません。ちょっとした注意なら、こんな婉曲的な言い回しが、角も立たずいいでしょう。

👍 OK.4 I <u>have to</u> mention, it might be best not to do that.

まぁなんだけど、それはやらない方がいいね。

mentionは「ソフトに言う」「さらりと口にする」というニュアンスで、「まあ、あれだけど…」という軽い語りかけになります。言いづらいことを言う時、I have to mention...はまさにキラー・ワードとなります。
一方、I have to tell you...は、「あえて言うけれども」と、真剣な話を切り出すのにぴったりです。状況に応じて使い分けましょう。

👍 OK.5 I <u>appreciate</u> how you feel, but I wouldn't do that.

君の気持ちはわかるけど、私だったらやらないな。

I appreciate...で一度は相手の気持ちを汲み取り、その後でbut I wouldn't...（自分だったら…）と本当に言いたいことを伝えます。これなら相手の気持ちを害することなく、注意できるのでオススメです。

165

おまけのフレーズ

OK I guess we shouldn't do that.

それはやらない方がいいかも

＊ポイントは、I guess...を使い、shouldn't do that の主語を we にすること。主語が you だと相手だけを責めることになりますが、we なら「私たち」となり、「一緒にやめておこう」と聞こえます。連帯責任を意識させる言い方で、チームでの仕事にはうってつけです。

It's kind of bad Japanese manners.（これが日本の悪いところなんですよね）あるいは The client might take it the wrong way.（顧客が勘違いするかもしれない）のように、相手が納得する説明を加えるのもいいでしょう。

おまけのフレーズ

OK If I were you, I don't think I would do that.

私だったら、それはやらないな。

＊直訳は「私だったら、そんなことはしないだろう」です。相手に対してちょっと皮肉っぽい注意になるので、目上の人には使わないほうがいいでしょう。

しかし、年下には効果的です。こんなことを先輩に言われたら、誰でもドキッとしますよね？

Part7「注意・命令する」逆ギレされないセリフ

「静かにして」と注意する

隣の部署が騒がしくて、仕事に集中できません。角を立てずに、「静かに」と注意するには、どう言えばいい？

DANGER Please be quiet.
こう伝わる! 頼むから黙ってくれ。

こんなことを言ったら、「怖い人」だと思われます！
これはPleaseがあっても、「黙れ」に聞こえてしまうキツい言い方です。ネイティブにしてみれば、Please be quiet.でもBe quiet.でも、あまり違いはないでしょう。
実際には、Pleaseがある方が「頼むから黙ってくれ」とより怖い口調に聞こえるので、注意が必要です。
優しく注意するなら、

- **Please be a little more quiet.**
（もう少し小さい声で話してください）

と言えば、角が立ちません。
でも、もっとうまく注意するなら、どのように言えばいいでしょう？

OK.1 <u>Oh</u>, please be quiet.
あ、お静かに。

この場合のohは、短く言いましょう。短く言うと、「あ、言

167

うのを忘れた」に近い響きになります。さも今気づいたように聞こえ、嫌味になりません。
ちょっとした演技が必要ですが、たったひとことで言いにくいこともサラリと言えるohは、まさに究極のキラー・ワードです。

OK.2 I'd <u>appreciate</u> it if you'd be quiet.
静かにしてくれると助かるんだけど。

丁寧な依頼ですが、相手にはかなりの効果があります。
礼儀正しい言い方だけに、言われた側が恐縮するようなニュアンスを含んでいます。
フォーマルな状況で使えるので、映画館やコンサートホールなど、公の場で注意するのに使えます。

OK.3 I guess we <u>should</u> be a little more quiet.
もっと静かにしたほうがいいね。

weを使えば、相手だけを責めるニュアンスが消えます。「自分たちはうるさかったんだ」と自然に気づかせるような、大人らしい配慮の見られる注意の仕方です。
こんなフレーズをさらっと言えるといいですね。

OK.4 If you don't <u>mind</u>, could you be a little more quiet?

悪いけど、もう少し静かにしてもらえる？

could you...?とすることで、命令ではなく依頼の形にできます。気楽なお願いに聞こえるので、相手も気持ちよく「わかった」と言えるでしょう。

この応用でjustを入れれば

・If you don't mind, could you be just a little more quiet?（少しでいいから静かにしてくれる？）

となり、「少しでいいから」というニュアンスを出せます。なかなか静かにならないような状況であれば、こちらを使うといいでしょう。

OK.5 I <u>have to</u> ask you to be a little more quiet.

もう少し静かにしてもらわないと。

have toと言っていますが、強制的なニュアンスは感じない表現です。穏やかですが、注意すべきことはきちんと言っているので、言われた側も素直に「すみません」という気持ちになれます。

軽く諌めるような口調に聞こえるので、あなた自身のイメージを悪くすることもありません。

「二度と同じ間違いはするな」と釘を刺す

ちょっとしたスタッフの不注意から、今期最大の商談がパーに。怒鳴りたいのを我慢して、二度と同じ間違いをしないよう釘を刺すにはどうすればいいでしょう？

DANGER **Don't do that again.**

こう伝わる! 二度と同じ間違いをするな。

Don't do that again! は、ネイティブの親が子供を叱る時によく言うフレーズ。頭ごなしに言うような、かなりキツいひと言です。相手を子供扱いしているように聞こえるので、ビジネスでは避けるべきでしょう。

・**Let's not do that again.**
（そんなことは二度とやらないようにしよう）

これなら「そんなことは、二度とやるべきではないとわかっているよね」という意味合いになり、社会人らしい声掛けとなります。

職場では、非難や戒めだけでなく、相手を励ますような言葉をかけるべきです。そうすることで、仕事へのモチベーションも上がります。

部下を生かすも殺すも、あなた次第。声掛けひとつで人は変わります！

Part7「注意・命令する」逆ギレされないセリフ

OK.1 Oh, don't do that again.
あぁ…もう二度と同じ間違いはしないように。

Don't do that again.だけだと、一方的に怒っているようにかなりキツく聞こえます。しかしohを付ければ、相手を責めるニュアンスも弱くなり、聞く側も素直に「わかりました」と言えるでしょう。

責任ある立場であれば、「相手はどう思うか」を考えて発言することも重要です。

OK.2 I'd appreciate it if you wouldn't do that again.
同じことをもう二度と繰り返さないでもらいたい。

直訳すれば、「あなたが二度とそんなことをしなければ、それを評価します」、そこから「同じことをもう二度と繰り返さないでもらいたい」となります。冷静に相手を叱るなら、こんなフレーズもいいでしょう。お灸をすえるようなニュアンスも含まれています。

些細なトラブルというよりは、大きめのトラブルに対して使うべきフレーズです。

OK.3 Maybe we shouldn't do that again.
そんなことは二度とすべきではないね。

you shouldn't...だとキツく聞こえますが、weなら共同責

任のように感じられ、柔らかくなります。

・Let's not do that again.
（二度とそんなことはしないようにしよう）

と同じような意味合いの言い方です。とはいえ、相手に対する皮肉もまじっているので、部下に苦言を呈するなら、ピッタリ。言われた側の反省を促します。

👍 OK.4 Would you <u>mind</u> not doing that again?
もう二度とそんなことはしないですよね？

実はこれ、怒り心頭なのをかなり抑えた表現です。「もう一度やったら大変なことになりますよ」と暗にほのめかし、本当は怒りたいのを我慢しているのが、何気なく相手にも伝わります。

👍 OK.5 You <u>have to</u> be careful not to do that again.
二度とそんなことはしないよう気をつけなさい。

形式的に相手を注意する、お見本のような言い方です。You have to...はキツいフレーズですが、冷静に注意しているように聞こえるので、人前で注意するのにいいでしょう。上司が部下を注意するのに、オススメの言い回しです。

Part7「注意・命令する」逆ギレされないセリフ

「もう待てない」と通告する

顧客に報告書を提出する締切日なのに、部下からの書類はまだ。「もう待てない」と言うにはどうすればいい？

DANGER **We don't wait.**

こう伝わる! もう待てません。

「報告書はどうなっている？」と尋ねると、返事は「あと少しです」。それに対してWe don't wait.だと「待てません」と突き放した感じに。しかし、

・We can't wait.
（[待てたらいいけど] 待てないんだ）

なら、相手への気使いが伝わります。don'tをcan'tとするだけで、「本当は待ちたいんだけど、悪いけどもう待てないんだ」という意味合いに。残念さを表すことができます。仕事では、時として言いづらいことも言わなければなりません。部下の頑張りを評価しつつ、でも「待てない」としっかり伝えるには、どう言えばいいでしょう？

OK.1 <u>Oh...we can't wait.</u>
あ～っ…もう待てないよ。

Oh...と、いかにも残念そうに言うのがポイント。
「本当に残念だけど…」という気持ちを、ohのひとことで

無理なく伝えられます。

・Oh, I'm afraid we can't wait.
（あ〜っ…残念だけどもう待てない）

も同じようなニュアンスに。Oh...の言い方で、いかようにも表現を変えられます。

OK.2 I really should be going.
もう本当に行かないと。

直訳だと「本当に行くべきだ」ですが、すぐに本気で行かなければいけない、というわけではありません。

「もうあんまり待てないので、ちょっと急いで」といったニュアンスです。こう言われたら、

・Okay, I'll hurry.（わかった、急ぐよ）
・Wait just one minute.（ちょっと待って）

といった、軽めの返事をするといいでしょう。

OK.3 I appreciate that you're trying, but we can't wait.
君が頑張っているのはわかるが、もう待てない。

「もう待てない」のは事実だとして、せめてI appreciate that you're trying...（君が頑張っているのはわかる）と、努力は認めてあげましょう。

「優しい上司」というイメージを与えられるので、あなたへの評価も上がるはずです。

Part7「注意・命令する」逆ギレされないセリフ

OK.4 If you don't <u>mind</u>, could you hurry? We can't wait much longer.

悪いけど急いでもらえる？
これ以上は待てないよ。

If you don't mind…（もし、よろしければ…）で相手を思いやり、さらにCould you...?（…してもらえる？）で、へりくだった丁寧な依頼になります。
少し心に余裕があるなら、こんなフレンドリーな言い回しもいいでしょう。

OK.5 I <u>have to</u> let you know that we can't wait.

言いづらいんだけど、もう待てないよ。

I have to let you know…（言わざるを得ません）は丁寧な言い方ですが、「もう交渉する余地はない」と切り捨てる感じのフレーズでもあります。「礼儀正しく、かつ言うべきことは言う」ビジネスにはうってつけの表現です。
ちなみに、これを応用してreallyを入れた

- **I have to let you know that we really can't wait.（もう本当に待てないのは、わかっているよね。）**

なら、「どう頑張っても無理です」という「ギリギリ感」が出せます。さらにany longerと続ければ、もうこれ以上は待てない「最後通牒」にもなります。

おまけのフレーズ

OK **I think I know how you feel, but we can't wait.**

気持ちはわかるけど、もう待てないんだ。

＊優しい思いやりを示しながらも、言うべきことは言う、社会人として「満点」をもらえる言い方です。
後腐れを残したくなければ、I wish things were different.（せめて状況が違えばよかったんだけど）と、ひとこと付け加えてもいいでしょう。

おまけのフレーズ

OK **We can't wait much longer, so maybe you could hurry.**

これ以上待てないんだ。
急いでもらえると助かるなぁ。

＊「これ以上は待てない」とキッパリ伝えた後、「…してもらえると助かる」と続けることで、全体が穏やかなトーンになります。こう言われたら、部下も進んで動き始めるでしょう。

おまけのフレーズ

👍 OK **I wish we could wait, but we really can't.**

待てればいいんだけど、どうしても無理なんだ。

＊I wish we could... と仮定法を使えば、「気持ち的には待ちたいが（でもダメなんだ）」と、うまく事実を伝えられます。遠回しに本音を使うなら、これです。

「やらなくてはいけない」と理解させる

どう考えても納期に間に合いそうにありません。しかし、社長命令は「それでもやれ」。部下に「どうしてもやらなくてはいけない」と伝え、やる気を出すには？

DANGER We have to.
こう伝わる！ 嫌だけど、やらなくてはいけない。

have toには、「嫌なことでもやらなければいけない」という意味合いが含まれています。
そのため、We have to.も「みんな嫌だけど、どうしてもやらないといけない」と、嫌々ながらやるように聞こえます。これでは部下も、やる気が起こらないでしょう。
日本語に「なだめすかす」という言葉があります。人の不満を和らげ、都合のいいように仕向けるという意味ですが、まさにその「なだめすかす」言い方を英語で表現すると、どうなるでしょうか？
部下のモチベーションを下げない声掛けをしてください。

OK.1 <u>Oh</u>, I know, but we need to try to cooperate.
ああ、わかってるよ。
でも協力しなくてはいけないんだ。

Part7 「注意・命令する」逆ギレされないセリフ

管理職なら、誰でも「板挟み」の状況を経験するはず。そんな時におススメがOh, I know, but...、日本語でもお馴染みの「そうそう、わかっている。でもね…」です。
これを言えば、部下も「そうか、上司もつらいんだろうな…」と理解してくれるでしょう。
まずは部下をなだめ、それから本題であるwe need to...を続けて言うといいでしょう。

👍 OK.2 I appreciate that, but let's try to cooperate.
気持ちはわかるが、協力しよう

I appreciate that...で「君の気持ちはきちんと理解しているが…」と、部下の反発を受け止める言い方になります。
You need to cooperate.（協力しなければいけない）だと相手に命令しているように聞こえますが、Let's try to cooperate.（協力しましょう）なら婉曲的な言い方になり、反発も招きません。

👍 OK.3 Perhaps I could explain why we need to do this.
もし何なら、理由を話そうか？

I appreciate...と言っても部下が納得しないようであれば、このフレーズを使うといいでしょう。
直訳すれば「なぜこうしなければいけないか、説明できる

と思うよ」、つまり「何なら、説明しようか？」となります。重ねて説明することで納得してもらえそうなら、こう声をかけましょう。

OK.4 Would you <u>mind</u> explaining why?
どうしてだか理由を説明してくれる？

どうしても部下が反抗的な態度を取るなら、こう尋ねてもいいでしょう。人から理由を聞き出すのに、最適なフレーズです。「そう思うなら、その理由を言ってもらえないですか？」という、少し批判的な言い方になります。

手助けを依頼する時などのWould you mind...? は丁寧な聞き方ですが、相手がやるべきことを指摘する場合、挑戦的な言い方に聞こえます。

両極端の意味になるので、ぜひ覚えておきましょう。

OK.5 We <u>have to</u> try to cooperate.
協力しなくてはいけないんだ。

主語をYouではなくWeとするだけで、ずいぶんと印象が変わります。Youだと一方的な命令になりますが、We have to...なら、「われわれがやらざるを得ないのだ」というニュアンスになります。

「みんなで一緒に協力してやろう」という共感を呼び覚ます、耳ざわりのいいフレーズです。

Part7「注意・命令する」逆ギレされないセリフ

「間違っている」とうまく伝える

決算の資料を出しておいてと頼んだのに、もらったのは来期の予算書。ネイティブのスタッフに「間違っている」と伝えるには、どう言えばいいでしょうか?

DANGER You're wrong.
こう伝わる! 間違ってるよ。

「間違い」＝ wrongと思いがちですが、人に対して「間違っている」では、あまりにストレートすぎます。
You're wrong.では相手を責める言い方になり、言われた方は金輪際あなたと口をきくのすら嫌になるかも。
こんな時、実際にネイティブが使うのは、

・I don't think that's right.
(間違っているんじゃないかな)

直訳すると「正しいとは思わない」、つまり「間違っているんじゃないかな」。否定形を使うことで、ストレートな表現を和らげる言い方になります。
さらにソフトにするなら、

・I don't think that's quite right.
(少しだけ違うかな)

というように、quiteを使うのもいいでしょう。
相手を傷つけずに、うまく「間違っている」と伝えるには、どんな言い方がいいでしょうか。

OK.1 Oh, maybe that's not quite right.
あぁ、多分ちょっとだけ違うかな。

軽い口調なので、「あれ、違うかな？」程度にしか聞こえないでしょう。これなら嫌味にならず、相手も素直に「どれどれ」と確認することができます。

自分が間違っていると相手に気付かせるなら、このように間接的な表現が最適。子供から大人まで、相手を問わず使えるフレーズです。

OK.2 I appreciate your explanation, but I don't think that's quite right.
言ってることはわかるんだが、
ちょっと違うような気がする。

遠回しに、「間違っているから、もう一度よく見て」と伝えるフレーズです。かなり気を使った言い方なので、相手も嫌な気持ちにはならないでしょう。

これなら、部下が上司に言ってもOKです。その場合は「ご説明はわかりますが、ちょっと違うような気がします」という丁寧な言い方に聞こえます。

OK.3 Maybe you could explain that to me again.
もう一度説明してもらえるかな。

Part7「注意・命令する」逆ギレされないセリフ

I don't think that's quite right. とはあえて言わず、「もう一度説明してくれる？」と、相手に再度内容を確認させて間違いに気づかせる言い方です。

学校などでも、先生が生徒に自分で間違いを気づかせるために、よくこういう言い方をしますね？　それと同じで、頭脳プレーともいえる「技アリ」な言い方でしょう。

OK.4 Would you <u>mind</u> explaining that to me again?

もう一度説明してもらってもいいですか？

一番ソフトな言い方が、これです。相手が間違っているとは断定できず、なおかつ自分が間違えている可能性もある場合、こう言ってもう一度説明してもらうといいでしょう。

- **I think I'm misunderstanding you.**

（誤解しているかもしれない）

というフレーズも、もう一度説明を求める言い方です。

ネイティブはこんな時、

- **Unless I'm misunderstanding something, I think that's wrong.（何か私が誤解しているといけない）**

と言います。これも覚えておくといいでしょう。

OK.5 I have to wonder if that's exactly right.

それが100%正しいかどうか、ちょっと悩むところです。

「絶対に正しいとは言い切れない。だからもう一度確認した方がいいよ」と、婉曲的に相手に見直すよう伝える表現です。

I have to wonder if that's right.（それが正しいか悩むところです）でもまず問題ありませんが、exactly right なら「ほとんど正解でしょうが、微妙に違うのではないか」というニュアンスが出せます。

単語を入れ替えれば、即断できない場合の返事にも使えます。exactly rightは、いかにもネイティブらしい言い回しですから、覚えておきましょう。

「自慢はやめて」とさり気なく言う

打合せ中、また上司の自慢話が始まりました。時間がないのに、同じ話の繰り返し。勇気を出して「やめて」と言いたいのですが、どう言えばいいでしょう？

DANGER **Stop bragging.**

こう伝わる! 自慢はやめて。

自慢話をする上司に「やめて」というのは、とても難しいこと。しかしもう我慢の限界なら、誰かが勇気を振り絞って声を上げるしかありません。

心情的にはStop bragging!（自慢はやめて）とストレートに言いたいところでしょうが、そもそもそんな人に言っても、あまり効果はないでしょう。

とぼけて、逆に相手にDo you think I brag too much?（私、自慢しすぎ？）やI'm worried that I brag too much. What do you think?（私、自慢しすぎているかしら。どう思う？）などと、聞いてみるのもいいかも。

それによって相手も、己の身に照らし合わせて考え直すかもしれません。

では、実際にキラー・ワードを使って人に注意をするなら、どのように言えばいいでしょうか？

OK.1 Oh, you know, some people think you brag too much.

あのですね、自慢話が多いって噂ですよ。

ストレートに言うと You brag too much.（自慢しすぎだ）ですが、これではケンカになります。Oh, you know... で始めて、some people think（…と思う人もいる）と言えば、かなりソフトな表現になります。

some people think... は、意味合い的には「…という噂がある」。ストレートに言うと角が立つ表現は、このように「他人の口を借りて言う」ことも大切です。これも処世術のひとつ、英語でも抜かりなく実践しましょう。

OK.2 I appreciate all you do, but we have to be humble with our clients.

お噂は存じております。でもクライアントには謙虚でいないといけないんですよね…。

一般論をかざして、非常識な上司を諌めるフレーズです。英語だとさほど違和感はないのですが、そもそも「謙虚でいるのが当たり前」の日本人だと、このフレーズにすら、不自然さを感じるかもしれません。

しかしこれなら、上司の偉そうな態度を批判するというより、「謙遜した態度」を勧めているので、さほど嫌味にはなりません。いずれにせよこんなフレーズは言わないで済むにこしたことはないのですが…。

Part7 「注意・命令する」逆ギレされないセリフ

👍 OK.3 Maybe we should talk less and listen more.

あまり自分の話をしないで、
もっと人の話を聞くようにしましょう。

人が威張るのはある程度しょうがないことですが、人が特にイライラするのは、相手が一方的にずっとしゃべっていること。

「人の話を聞くようにしましょう」と言うことで、「自慢話をするのはやめなさい」と遠回しに言うフレーズです。会議中、ざわついている時にも使え、weを使っているので、誰でも素直に聞けます。

👍 OK.4 Would you mind a little advice? Try to talk less about yourself.

1つアドバイスしてもよろしいですか
ご自分のことはもう結構ですので。

Would you mind a little advice?(さしでがましいようですが…)と言っているので、相手も嫌な気分にはなりません。

こう言われたら普通、Yes.(嫌だ)ではなく、No.(嫌じゃない／わかりました)と答えるはず。そうしたら、もう自慢話も終わるでしょう。

Try to talk less about yourself.を直訳すれば「自分のことはあまり話さないように」ですが、話の流れから「ご自

187

分のことはもう結構です」くらいに柔らかく聞こえるはずです。
英語はとかくストレートな表現だと思われがちですが、時にはこんな「奥歯に物が挟まった」言い方もします。

> **OK.5 I have to ask you not to talk so much about yourself.**
> 自分のことをそんなに話さないでくださいよ。

丁寧に聞こえますが、わりとストレートな言い方です。イライラして、思わず口から出たようなフレーズ。
ふざけたフリをしてこう言えば、ジョークっぽく受け取ってくれるかもしれません。

・**It sounds like you're bragging.**
（自慢しているみたいですよ）

と本音まじりに付け加えれば、「自慢話をしていないのは分かるが、そう聞こえますよ」という注意に。
嫌味たっぷりな言い方ですから、最後の手段としてどうしても注意せざるを得ない場合に使いましょう。

人生の活動源として

いま要求される新しい気運は、最も現実的な生々しい時代に吐息する大衆の活力と活動源である。

文明はすべてを合理化し、自主的精神はますます衰退に瀕し、自由は奪われようとしている今日、プレイブックスに課せられた役割と必要は広く新鮮な願いとなろう。

いわゆる知識人にもとめる書物は数多く窺うまでもない。

本刊行は、在来の観念類型を打破し、謂わば現代生活の機能に即する潤滑油として、逞しい生命を吹込もうとするものである。

われわれの現状は、埃りと騒音に紛れ、雑踏に苛まれ、あくせく追われる仕事に、日々の不安は健全な精神生活を妨げる圧迫感となり、まさに現実はストレス症状を呈している。

プレイブックスは、それらすべてのうっ積を吹きとばし、自由闊達な活動力を培養し、勇気と自信を生みだす最も楽しいシリーズたらんことを、われわれは鋭意貫かんとするものである。

――創始者のことば―― 小澤和一

著者紹介

デイビッド・セイン〈David A. Thayne〉

米国出身。証券会社勤務を経て来日し、翻訳・通訳、英会話学校経営など多岐にわたって活躍。数多くの英会話関係書籍を執筆。著書は『その英語、ネイティブにはこう聞こえます』(主婦の友社)など100点以上。現在、英語を中心テーマとして多岐にわたる企画を実現するAtoZを主宰。豊富なアイデアと行動力で書籍・雑誌の執筆までマルチに活躍中。大人気のAtoZ英語学校(東京・根津／春日)の校長も務める。
http://www.atozenglish.jp
著書に、シリーズ20万部のベストセラーとなった『その英語、ネイティブはカチンときます』(岡 悦子との共著)などがある。

ネイティブもその気(き)になる
3語(ご)の英会話(えいかいわ)

青春新書
PLAYBOOKS

2012年8月10日　第1刷

著　者　　デイビッド・セイン

発行者　　小澤源太郎

責任編集　　株式会社プライム涌光

電話　編集部　03(3203)2850

発行所　　東京都新宿区若松町12番1号　〒162-0056　　株式会社青春出版社

電話　営業部　03(3207)1916　　振替番号　00190-7-98602

印刷・中央精版印刷　　製本・フォーネット社
ISBN978-4-413-01960-6
©David A. Thayne 2012 Printed in Japan

本書の内容の一部あるいは全部を無断で複写(コピー)することは著作権法上認められている場合を除き、禁じられています。

万一、落丁、乱丁がありました節は、お取りかえします。

青春新書 INTELLIGENCE

こころ涌き立つ「知」の冒険!

ネイティブと話したくなるベストセラー

その英語 ネイティブは カチンときます

デイビッド・セイン　岡 悦子

知らずに怒らせていた! 危ないフレーズ集

◆上司に「その仕事、今日中に終わるか?」と言われて
　×Maybe.＝さあね、どうかな
◆「イケる口ですか?」
　×Do you drink?＝あなた、アル中?

ISBN978-4-413-04264-2　820円

その英語 ネイティブは 笑ってます

デイビッド・セイン　岡 悦子

正しいつもりが大間違い! 危険&ベストフレーズ集

◆「なんか案ある?」
　× Do you have any idea?＝君なんかに、わかるの?
◆「気分が悪い」
　×I feel bad.＝後悔してるんだ。

ISBN978-4-413-04285-7　820円

お願い　ページわりの関係からここでは一部の既刊本しか掲載してありません。折り込みの出版案内もご参考にご覧ください。

※上記は本体価格です。(消費税が別途加算されます)
※書名コード (ISBN) は、書店へのご注文にご利用ください。書店にない場合、電話または Fax (書名・冊数・氏名・住所・電話番号を明記) でもご注文いただけます(代金引替宅急便)。商品到着時に定価＋手数料をお支払いください。
　〔直販係　電話03-3203-5121　Fax03-3207-0982〕
※青春出版社のホームページでも、オンラインで書籍をお買い求めいただけます。ぜひご利用ください。〔http://www.seishun.co.jp/〕